a

海外中国研究丛书·艺术系列

六朝贵族的世界

王羲之

[日]吉川忠夫 著　陆帅 译

王羲之 六朝貴族の世界

吉川 忠夫

江苏人民出版社

图书在版编目（CIP）数据

王羲之：六朝贵族的世界 /（日）吉川忠夫著；陆
帅译. -- 南京：江苏人民出版社，2024.7（2025.2 重印）
（海外中国研究丛书·艺术系列/刘东主编）
ISBN 978-7-214-29074-8

Ⅰ.①王… Ⅱ.①吉… ②陆… Ⅲ.①王羲之（321-
379）- 人物研究 Ⅳ.① K825.72

中国国家版本馆 CIP 数据核字(2024)第 073919 号

OGISHI: RIKUCHO KIZOKU NO SEKAI by Tadao Yoshikawa

© 2010 by Tadao Yoshikawa

Originally published in 2010 by Iwanami Shoten, Publishers, Tokyo.

This simplified Chinese edition published 2024
by Jiangsu People's Publishing House, Ltd., Nanjing by arrangement with Iwanami Shoten, Publishers, Tokyo
Simplified Chinese edition copyright © 2024 by Jiangsu People's Publishing House.

All rights reserved.

江苏省版权局著作权合同登记号：图字10-2021-602号

书　　名	王羲之：六朝贵族的世界
著　　者	〔日〕吉川忠夫
译　　者	陆　帅
责任编辑	马晓晓
特约编辑	解冰清
装帧设计	周伟伟　张云浩
项目统筹	马晓晓
责任监制	王　娟
出版发行	江苏人民出版社
地　　址	南京市湖南路1号A楼 邮编：210009
照　　排	江苏凤凰制版有限公司
印　　刷	苏州市越洋印刷有限公司
开　　本	890毫米×1240毫米 1/32
印　　张	11.75 插页 8
字　　数	264千字
版　　次	2024年8月第1版
印　　次	2025年2月第3次印刷
标准书号	ISBN 978-7-214-29074-8
定　　价	159.00元

（江苏人民出版社图书凡印装错误可向承印厂调换）

海外中国研究丛书·艺术系列 | 总 序

刘 东

　　现代汉语中的"艺术"概念，本就是在"中外互动"中生产出来的。也就是说，即使在古汉语中也有"艺""术"二字的连接，其意思也只是大体等同于"数术方技"。所以，虽说早在《汉书·艺文志》那里，就有了《六艺略》《诗赋略》的范畴，而后世又有了所谓"琴棋书画"的固定组合，可在中国的古人那里，却并没有可以总体对译"art"的概念，而且即使让他们发明出一个来，也不会想到以"艺"和"术"来组合。由此，在日文中被读作"げいじゅつ"（Gei-jutsu）的"芸術"二字，也不过是为了传递"art"而生造出来的；尔后，取道于王国维当年倡导的"新学语之输入"，它又作为被快速引进的"移植词"而嵌入了中文的语境。由此所导致的新旧语义之混乱，还曾迫使梁启超在他的《清议报》上，每逢写下这两个字都要特别注明，此番是在使用"藝術"二字的旧义或新义。

　　此外，作为海外"汉学研究"的一个分支，实则海外的"中国艺术史"这个学术专业，也同样是产生于"中外互动"的过程中。如果说，所谓"汉学研究"按照我本人给出的定义，总归是"外邦人以对于他们而言是作为外语的中文来研究对他们而言是作为外国的中国的那种特定的学问"（刘东：《"汉学"语词的若干界面》），那么，这种学术领地也就天然地属于"比较研究"。而进一步说，这样一种"比较"的或"跨文化"的特点，也同样会表现到海外的"中国艺术史"研究那里。要是再联系到前边给出的语词"考古"，那么此种"中外互动"还不光在喻指着，这是由一群生长于国外的学者，从异邦的角度来打量和琢磨中国的"艺术"，而且，他们还要利用一种外来的"艺术"（art）概念，来归纳和解释发生在中国本土的"感性"活动。这样一来，则不光他们的治学活动会充满"比较"的色彩，就连我们对于他们治学成果的越洋阅读，也同样会富于"比较"的或"跨文化"的含义。

进而言之，就连当今中国大学里的艺术史专业，也是在改革开放后的"中外互动"中，才逐渐被想到和设立，并且想要急起直追的。回顾起来，我早在近二十年前就撰文指出过，艺术史专业应该被办到综合性大学里，跟一般通行的"文学系"一样成为独立的人文学科："如果和国际通例比较起来，我们不难发现一种令人扼腕的反差：一方面，我们的美学是那样的畸形繁荣，一套空而又空玄而又玄的艺术哲学教义被推广到了几乎所有的高等院校，就好像它是人人必备的基本文化修养；另一方面，我们的艺术史又是那样的贫弱单薄，只是被放在美术学院里当成未来画家的专业基础课，而就连学科建制最全的大学也不曾想到要去设立这样一门人文系科，更不必说把对于艺术史的了解当成一个健全心智的起码常识了。"（刘东：《艺术究竟是怎样流变的》）也正因为这样，江苏人民出版社的这个最新抱负，也即要在规模庞大的"海外中国研究丛书"里，再从头创办一个相对独立的"艺术系列"来，也就密切配合了国内刚刚起步的艺术史专业。

更不要说，我们也有相当充分的理由相信，正是在"中外互动"的"跨越视界"中，这个正待依次缓慢推出的、专注于"艺术"现象的"子系列"，也会促使我们对于自己的母文化，特别是针对它的感性直观方面，额外增补一种新颖奇妙的观感，从而加强它本身的多义性与丰富性。

2023 年 12 月 11 日
于浙江大学中西书院

《王羲之：六朝贵族的世界》一书最初由清水书院刊行于一九七二年一月，当时我三十五岁。三十八年后的二○一○年七月，该书又被收入岩波书店的"岩波现代文库"之中。

拙著出版后，学界有所反响。例如清水书院版刊行后不久，一九七二年九月七日的《京都新闻》就刊发了杉村邦彦的《迷之名笔〈兰亭序〉》（"书院彷徨"第二十七期）一文，其中提及拙著云：

> 七年前，中国学者郭沫若提出爆炸性观点，认为不仅《兰亭序》传世法帖是伪作，其文本也有一部分是隋代智永的伪作，在大陆学界引发极大反响。围绕此问题的诸种商榷论说，最终被卷入了"文化大革命"的浪潮中。对于兰亭真伪的论争，日本、中国台湾等地的学界、书法界几乎不甚关心。唯有今井凌雪最先将郭沫若的论文译介至日本；近来则有吉川忠夫在《王羲之：六朝贵族的世界》一书中论证指出，至少《兰亭序》的文本本身由王羲之亲撰，当无问题。

此外，"岩波现代文库"版出版后，二○一○年十二月五日《每日新闻》的书评栏目将本书作为"本周书架"的推荐书目：

> 本书没有选择讨论王羲之的书法，而是选择切近其内心世界，大放异彩。王羲之的"尺牍"（书信）中充满了对

新旧远近的朋友、对家人的思念与忧愁。"新故之际，致叹至深"[现代语译：年末将至，令人深为感怀]、"各可不？"[现代语译：大家都安好吗？]这些寻常话语，每一句都传达着一千七百多年前王羲之的生命脉搏。本书是把握王羲之内心世界——在"目前"（王羲之的爱用词）的喜悦，以及随此喜悦而来的在不安中度日——的一部力作。

又，杂志《书道界》二〇一一年二月号的书评栏目"本月书架"也作如下评论：

> 本书解明了书圣王羲之（307-365）的生活、思想、信仰及其时代背景。……本书并非书法研究成果，而是通过释读记载晋代历史的《晋书》数量众多的尺牍等等，细致探寻王羲之个体生命的力作。

作为本次中译本底本的"岩波现代文库版"，由第一部、第二部两部分内容组成。第一部《王羲之：六朝贵族的世界》完全沿袭了清水书院版。第二部《王羲之：对其内在的探寻》则收录了四篇文章，分别为《读〈丧乱帖〉》《王羲之与山水》《王羲之——追求生的充实》《王羲之与道教》。它们或补充了清水书院版中的一些言未尽意之处，或是我在清水书院版刊行后产生的一些新见解。

"岩波现代文库版"《王羲之》刊行至今，又过去了十四年。遗憾的是，关于王羲之，我尚未有新见解。如果一定要补充什么的话，那就是在最近的二〇一九年，我撰写出版了在书法史上与王羲之并立的颜真卿的传记，即《颜真卿传——时事只天知》（法藏馆刊）。尽管王羲之是公元四世纪的东晋人，颜真卿是公元八世纪的唐代人。然而该书的撰写使我认识到，王羲之与颜真卿之间存在着超越时代差异的、在根本性上相通的事实。

王羲之所在的王氏家族，颜真卿所在的颜氏家族，都是以琅琊郡临沂县（今山东省临沂市）为本贯的名族。尽管这的确是意味颇深的事实，但应当只是一种巧合。比起这些，我想要指出的两人之间"超越时代差异的、在根本性上相通的事实"，大致如下。

本书序章曾这样写道：

> 他（王羲之）出身于一流贵族琅琊王氏，是具备各类教养的文化人。也可以说，他是第一流的文化人。王羲之从来以书法家而知名，然而作为书法家的王羲之，只是王羲之全貌的一部分。生活在公元六世纪的颜之推曾云："王逸少风流才士，萧散名人。举世唯知其书，翻以能自蔽也。"[现代语译：王羲之是风流才子，彻悟侘寂的达人。然而世间之人只关注他的书法，其本来面目反而受到了遮蔽。]在颜之推看来，王羲之作为书法家实在太过有名。

颜之推（531—590？）的这番话见于《颜氏家训·杂艺篇》，他正是颜真卿的五世祖。对于如何看待书法，颜之推不仅叙述了王羲之这一例，还提及了早于王羲之的三国曹魏韦诞，晚于王羲之的梁代萧子云、周代王褒的事例。

魏明帝时新筑宫殿，命令擅长书法的韦诞登梯挥毫，题写殿额。韦诞下地后，须发皆白，由此告诫子孙"勿复学书！"[现代语译：今后千万别学书法！]这是《世说新语·巧艺篇》所载的故事。颜之推也引用此事，以为"韦仲将（韦诞）遗戒，深有以也。"[现代语译：韦仲将的遗戒，道理至深。]萧子云则感慨"吾著《齐书》，勒成一典，文章弘义，自谓可观。唯以笔迹得名，亦异事也。"［现代语译：我撰作《齐书》，成一家之言，自负以为文笔瞻博，内容确切。然而我却以书法知名，此事甚为怪异。］王褒因书法精妙而被迫撰写碑文，花费精力，悔恨自语云："假使吾不知书，可不至今日邪。"［现代语译：如果我对书法一窍不通，就不会沦落到今天这般地步了。］举出以上事例后，颜之推总结出一条训诫："慎勿以书自命！"［现代语译：不要把书法作为自己的招牌！］

颜之推并非要否定书法艺术，他之所以强调此训诫，是不想成为仅以书法见长的偏狭之人。颜真卿自然也接受了其五世祖颜之推的家训戒言。其理想与颜之推相同，是成为一个发展全面，完备学艺、学术以及品德、功业为一身的士大夫。书法，终究只是完备人格的要素之一。如果要举例证明的话，新、旧《唐书》的《颜真卿传》（《旧唐书》卷一二八、《新唐书》卷一三五）论赞对他的书法造诣只字未提。此外，如果通览新、旧《唐书》，其中对颜真卿书法的记载也出乎意料得少。

对于王羲之与颜真卿的共通之处，还有一层更为具体的事实需要指出，那就是他们与道教的关系。王羲之与道教的关系，可以参见本书第三章中的《黄庭经》一篇，以及内容更为详细的附篇中《王羲之与道教》一文。颜真卿在这方面也不输王羲之，与道教有着非同寻常的关系。尤其大历三年至六年（768—771）担任抚州刺史（治临川，今江西省抚州市）期间，颜真卿撰作了不少与道教相关的碑文，如《麻姑山仙坛记》《魏夫人仙坛碑》《华姑仙坛碑》。麻姑是古来有名的女仙人，抚州南城县有麻姑山，据说她在此得道成仙。颜真卿因此撰作《麻姑山仙坛记》。《魏夫人仙坛碑》则与王羲之有关联，是尤为值得关注的颜真卿作品。之所以这么说，是因为魏夫人在陶弘景编纂的《真诰》中扮演了重要角色，是与王羲之缘分甚深的女仙人。如所周知，陶弘景（456—536）是活跃于齐梁时代的道士，为上清派、俗称茅山派道教的宗师，位于当时都城建康（今江苏省南京市）东南的茅山则是上清派的主场所在。所谓"真诰"，指真人的诰受，亦即道教尊崇的诸多神仙降下的教谕。《真诰》一书，乃真人诰受的集成。陶弘景以"真诰"为题，亲自撰写此书，并在书末的《翼真检》篇中写下《真经始末》一文，讲述了上清派道教所依据的经典源流：

> 伏寻《上清真经》出世之源，始于晋哀帝兴宁二年（364）太岁甲子，紫虚元君上真司命南岳魏夫人下降，授弟子琅琊王司徒公府舍人杨某，使作隶字写出。以传护军长史句容许某并第三息上计掾某某。二许又更起写，修行得道。

上文中的"司徒公府舍人杨某"乃杨羲，"传护军长史句容许某"乃许穆，"第三息上计掾某某"乃许穆之子许翙。即杨羲是与仙人沟通的"灵媒"，以隶书写下魏夫人口授的告谕，将之传给许穆、许翙父子，这就是上清派经典的由来。

颜真卿的《魏夫人仙坛碑》以引用据传范邈所撰的《魏夫人传》为开端。据此传，魏夫人乃实际存在于世间的女性，名华存，字贤安。正史《晋书》列传中亦载魏华存乃魏舒之女，少女时陶醉于成仙的梦想中，致力于服用仙药，修习道术。尽管她希望独自度过一生，但无奈双亲不允许，于是在二十四岁与刘乂结婚，生下刘璞、刘遐二子。在两个儿子稍稍长大后，魏夫人就单独居住在别斋中，持续斋戒百日，有神仙数人降临，授予其道法。此后，魏夫人的丈夫刘乂去世，华北地域也在西晋末年陷入混乱，于是她移居江南，于东晋咸和九年（334）离世升仙，时年八十三岁，在仙界中获得了紫虚元君、领上真司命、南岳夫人的称号。

在略引《魏夫人传》的记载之后，颜真卿叙述了魏夫人此后屡屡降临茅山，以其子刘璞为使者向杨羲、许穆、许翙传授道法之事。如本书中所述，王羲之与将魏夫人尊奉为重要女仙人的上清派道教关系极深，在此稍稍摘录梗概：据《晋书·王羲之传》记载，以会稽内史为最终官职而退出仕途的王羲之，"与道士许迈共修服食，采药石不远千里，遍游东中诸郡"。与王羲之交往密切的道士许迈，正是许穆的兄长，许翙的伯父。在王羲之尺牍中屡屡以"先生"为名登场的人物，应当就是许迈。不消说，许迈也出现于《真诰》之中。此外，《真诰》中还有一条王羲之去世后由冥界所传来的消息。不仅如此，王羲之有七个儿子，一个女儿。其中那个女儿就嫁给了刘遐之子刘畅，也就是魏夫人之孙。如此可见，在上清派道教中具有重要地位的魏夫人乃是存在于王羲之身边的女仙人。而据抚州刺史颜真卿为魏夫人所撰写的《魏夫人仙坛碑》所记，魏夫人的升仙之地，据说就在临川。临川当地与魏夫人结缘的遗迹，历经岁月，已成废土，原本所在不明。不过，小名"华姑"的女道士黄令微重新发现了魏夫人的相关遗迹。事载《魏夫人仙坛碑》的后半部分以及《华姑仙坛碑》中。

颜真卿撰作道教相关的碑文，不仅仅是在担任抚州刺史期间。转任湖州刺史（治乌程，今浙江省湖州市）后的大历十二年（777），颜真卿还撰作了《茅山玄靖先生广陵李君碑》。所谓"茅山玄靖先生广陵李君"，乃陶弘景的五代弟子、茅山派道教宗师李含光。颜真卿对于李含光、对于道教的感念，到了"钦承至德、结慕玄微"的程度，即听闻李含光有"至德"，将道教"玄微"之旨铭记于心中。颜真卿在湖州期间，与之亲密交往的诗僧皎然曾撰写以"奉同颜使君真卿清风楼赋得洞庭山歌，送吴炼师（吴筠）归林屋洞"为题的七言诗，云"吴兴太守道家流"。这里的"吴兴太守"即担任湖州刺史的颜真卿，他与王羲之同样都是不折不扣的"道家流"——即道教的信奉者。

在清水书院版刊行五十二年后，"岩波现代文库"版刊行十四年后，拙著的中译本能够作为新设立的"海外研究中国丛书·艺术系列"一册刊行，对于今年已经八十七岁高龄的我而言，既无上喜悦，又感慨颇深。在此，我也想对翻译本书的陆帅老师表达由衷的谢意。尽管未曾有缘见过陆帅老师，令人遗憾。但当我听说陆老师曾经留学于京都大学时，心中还是不由得感到高兴。因为京都大学既是我的母校，又是我从三十岁大学毕业直到六十岁，于教养部、人文科学研究所工作了三十年的地方。已面世出版《真诰》一书全文译注，就是我在京都大学人文科学研究所工作期间所主持的共同研究班成果。

吉川忠夫
2024 年 6 月

前　言

世人有云："六朝书法，唐诗宋画。"不消说，这句话列举的是中国数千年历史中六朝、唐、宋时期各自的代表性艺术。书法被视为六朝艺术的代表，而六朝书法的第一人，毫无疑义是王羲之。王羲之俗称"书圣"，即书法世界的圣人。那么，王羲之的"书圣"之名产生于何时？目前还不太清楚。不过，比王羲之生活时代稍早的葛洪主张，人类各领域的第一人皆可称为圣人，书法界的第一人就是"书圣"。[1]假使葛洪比王羲之晚生的话，我想他在讲到"书圣"时一定会举出王羲之的名字。此事暂且不论，葛洪这一主张所具有的重要意义在于他试图发现人类各领域皆有其价值。与"书圣"并举之例，还有知名棋手可称"棋圣"、优秀军事家可称"兵圣"。在六朝之前的汉代，人们提起圣人，一般是指为政的圣天子，即所谓"治世之圣人"。然而随着汉帝国的崩溃，其政治优先的社会体制也一并瓦解。因此，在六朝人看来，政治并非唯一，人类各领域的存在方式都值得关注。基于这种想法，产生艺术的土壤也就此出现。问题在于，仅就书法而言，汉字本就具备优美的造型，应

---

* 本书页下注皆为译者注，特此说明，下文不再一一标出。

1. 典出《抱朴子·内篇·辨问》："世人以人所尤长，众所不及者，便谓之圣。……善史书之绝时者，则谓之书圣，故皇象、胡昭于今有书圣之名焉。"下文所引"棋圣""兵圣""治世之圣人"皆出此篇，不再一一出注。——译者。

该早就能引发人们的审美意识。而实际上呢？发现汉字之美，最终将书法确立为一门艺术的，却是六朝人。艺术的成立，既取决于创作者，往往又取决于欣赏者。

不过，关于"书圣"王羲之的书法本身，本书涉及不多。因为登峰造极的艺术，本就没有用言语说明的必要。庄子云"得意而忘言"。[1]维摩居士被问到何以进入不二法门，只是沉默以对。[2]松尾芭蕉歌咏松岛曰："造化天工，孰能奋其彩笔、尽其穷妙乎？"[3]因此，至高无上的艺术，难用语言触及。我认为，读者了解王羲之书法的最好方式就是直接欣赏作品本身。而本书则将王羲之视为一个凡人，主要叙述他的生活、思想、信仰及其所处之时代。笔者的期望是通过王羲之来描绘公元四世纪一位中国知识人的全貌，而不是描写一位书法家。书法并非他生活的全部，正如和歌并非大伴家持生活的全部（参见山本健吉：《大伴家持》，筑摩书房，一九七一年）。[4]王羲之归根到底是一位贵族。作为贵族，理所当然要参与政治，也自然要有与之相应的文化修养。书法，就是其作为贵族的修养之一。我相信，如

---

1. 典出《庄子·外物》："言者所以在意，得意而忘言。"
2. 典出《维摩诘所说经·入不二法门品》："于是文殊师利问维摩诘：'我等各自说已，仁者当说何等是菩萨入不二法门？'时维摩诘默然无言。文殊师利叹曰：'善哉！善哉！乃至无有文字语言，是真入不二法门。'"
3. 出自松尾芭蕉俳句集《奥の细道·松岛》，原文为："造化の天工、いづれの人か筆をふるひ詞を尽さむ。"此处译文引用了郑清茂中译版本。具体出处为［日］松尾芭蕉撰，郑清茂译：《奥之细道》，北京联合出版社，二〇一九年，第一百二十五页。
4. 大伴家持，日本奈良时代的公卿、著名和歌诗人，官至从三位中纳言，为"三十六歌仙"之一，在《小仓百人一首》和歌集中名为"中纳言家持"。大伴家持是日本最早的和歌集《万叶集》主要编者，也是该歌集收录作品最多的诗人。

果明了此点，我们对王羲之书法的理解也一定会更为深入。

本书撰写时的参考资料首先是《晋书》，其中卷八〇为《王羲之传》；其次是编纂于公元五世纪的名士逸闻集《世说新语》；再次是王羲之的亲笔诗文，尤其是尺牍（书信）；最后是唐朝张彦远所编纂的书论《法书要录》。其余参考的近人著述列举于第一部末尾。[1]此外需要事先说明的是，王羲之的实际生卒年不明，本书采纳清人鲁一同《王右军年谱》中的说法，即王羲之生于永嘉元年（307），卒于兴宁三年（365）。[2]王羲之尺牍的系年及其他相关史实也同样很大程度上参考了《王右军年谱》一书。

1.日文版原书分两部，第一部是本体，即中译本第一至三章；第二部收录了作者四篇关于王羲之的文章，即中译本的附篇，因此日文版的参考书目列于第一部分最末，此次中译本将参考文献调整至全书尾部。

2.关于王羲之生卒年诸种观点的总结，参见外山军治：《王羲之とその周边》，收入下中邦彦编：《书道全集》第四卷《中国4·东晋》，平凡社，一九六〇年，第十二至十九页。

目 录

水汾

河黄

邺

琊琅

渭水

洛阳

长安

陈留

梁

下邳

彭城

淮水

南阳

汝南

寿春

广陵

襄阳

汉水

历阳

建康 京口

吴

江陵

武昌

江子扬

宣城

吴兴

新安

会稽

豫章

东阳

临海

临川

水湘

庐陵

水赣

示意图1　王羲之是公元四世纪人，本贯为琅琊，成长于建康（今江苏省南京市），曾在建康、临川、武昌、会稽等地为官，后在会稽过起了逸民的生活，并于当地去世

序 章

所谓六朝时代

政治、社会的纷乱与多彩的文化

贵族主义时代

公元三世纪初，随着东汉王朝的灭亡，曹魏称霸华北，蜀汉以今四川省为中心建国，再加上立国于江南的孙吴，迎来了三个王朝鼎立的三国时代。从三国时代到公元六世纪末的隋代，即所谓六朝时代。无论在政治上还是社会上，这都是一个极其混乱的时代。六朝时代，成功完成统一的王朝几乎不存在，唯一的例外是为三国鼎立画上休止符的西晋王朝。而即便是唯一例外的西晋王朝，也因为非汉族群持续性的活动，在建国半个世纪后被迫逃亡于江南。逃亡于江南的晋王朝，也就是所谓东晋，再加上此后的宋、齐、梁、陈四个王朝，它们与华北地区兴衰往复的非汉族群诸王朝展开了超过两个半世纪的长期对峙。

六朝时代政治与社会的主导者是贵族，大体而言，是源自东汉时代各地方名门望族的门阀贵族。正因如此，六朝时代被称为"贵族的时代"。总的来看，贵族都属于"士"这一阶层。他们与一般"庶民"之间，正如"士庶之际，实自天隔"[1]这句话所示，有一道无法逾越的界限。并且士族还受到国家的格外优待，无需承担土木工程、运送军需等一切徭役。不过，即便是贵族，内部也有上下种种等级。以东晋时代为例，位于顶端的是与晋王室一同南迁的北来流寓贵族。其中琅琊王氏、陈郡谢氏两个门阀，又是其中的绝对一流。而令人不可思议的是，江南本土贵族反而被时人视为第二流。在更下层，还存在着虽在地方上颇有势力但与中央政界联系疏薄的豪族或土豪。像这样具有上下多重层次的社会就是贵族社会。决定贵族等级的是在

1.《宋书》卷四二《王弘传》。

贵族间所形成的舆论，即所谓"清议"。贵族们依照各自的等级就能够几乎自动地被授予相应的官职，这一官吏任用制度被称为九品官人法或是九品中正制。

九品官人法创始于曹魏王朝诞生的公元二二〇年，并为此后的六朝诸政权所继承，直至隋朝废止。其内容大致如下：各州郡设中正一人，对州郡内的人物进行品评。中正的品第从一品至九品，分为九等，被称为乡品。中央政府根据乡品，授予一品至九品的官职。在授予官职时，乡品与官品之间按惯例相差四品。例如，乡品一品则被授予五品官，乡品二品则被授予六品官。[1]但是，各州郡中正只有一人，很难对所有人物进行资格审查后再评定乡品。因此，前文提及的清议就成了中正评定乡品时的参考。换言之，在九品官人法中，清议决定乡品，乡品决定官品。最终的结果是贵族门第的高低决定了被授予官职的品级。

在六朝时代，不仅是官吏的任用，凡事都是"清议为先"，连皇帝都不能对清议说三道四。例如有这样一个故事：宋文帝时，有宠臣弘兴宗。[2]某日，宋文帝对他说：

【古文原句】

卿欲作士人，得就王球坐，乃当判耳。……若往诣球，可称旨就席。

1.相差四品指的是初次被授予官职，即"起家"时的惯例。这一观点由宫崎市定提出，具体参见宫崎市定著，韩昇、刘建英译：《九品官人法研究》，中华书局，二〇〇八年，第六十三至六十六页。

2.此事在《宋书》和《南史》的《蔡兴宗传》中均有记载。宠臣的姓名，《宋书》作"王弘"、《南史》作"弘兴宗"。作者采用了南史的说法，但一般认为当以"王弘"为是。又，下引对话原文出自《南史》卷二九《蔡兴宗传》。

【现代语译】

我知道你素来想成为贵族，此事是否可行，需要你前往王球家中，看看能否落座。……到了王球家，就说敕命让你落座，迅速坐下。

王球的出身乃是一流名门中的一流。[1]弘兴宗来到王球家，刚要弯腰坐下。王球一边高举扇子，一边说道：

【古文原句】

君不得尔。

【现代语译】

不可。

弘兴宗无可奈何地返回宫中，宋文帝说：

【古文原句】

我便无如此何。

【现代语译】

朕也无可奈何。

上述故事正是王朝权力不断被贵族势力侵蚀的一个例子。在当时，皇帝废立是家常便饭。频繁发生的王朝更迭，很多时候出自贵族们的意愿。作为贵族，他们只承认贵族社会的规则，皇帝也好、王朝也罢，不过是为了保证他们的权利与安全

---

1. 王球出自琅琊王氏，因此作者说他出身于"一流名门中的一流"。

而存在。贵族们会寻求对他们而言更合适的皇帝，随后进行废立，王朝革命由此不断发生，他们自身则完全不受伤害。

丰富多彩的六朝文化

六朝在政治、社会上的如此纷乱，是否导致了文化的停滞呢？关于这一点，事实正如我们所预想的那样，在当时承担起文化传承重任的依然还是贵族。尽管文化成了贵族的私有物，然而六朝时代的文化却大放异彩。六朝之前的汉代文化，一言以蔽之，可以说是儒家文化。尤其是西汉武帝尊崇儒家之后，所有的文化现象都从属于儒家。由于儒家拥有极为丰富的政治属性，因此也可以说当时的文化都从属于政治。而到了六朝时代，此前从属于儒家的各种文化现象开始要求独立，并且也获得了独立的地位。魏文帝曹丕云：

盖文章，经国之大业，不朽之盛事。[1]

这是文学从政治中独立的宣言。史学同样如此。此外，玄学对于"名"的讨论，产生了将老庄思想与《易经》哲学相融合的形而上学。佛教、道教等宗教的盛行，令人们对人类的生与死、或者说对人类存在本身进行了深入思考。而以书画为首的各种艺术也从劝善惩恶的伦理中被解放出来，开始追求艺术自身之美。鲁迅称六朝为 "Art for Art's Sake 的时代"。[2] 并且，

1. 曹丕：《典论·论文》，收入萧统编：《文选》卷五二《论·二》。该句作者仅作训读，故直接引用古文原句。
2. 即"为艺术而艺术"。见鲁迅：《魏晋风度及文章与药及酒之关系》，收入同氏：《而已集》。

六朝人还将通晓一切学问——如玄、儒、文、史四学，或儒、佛、道三教，或诸门艺术——视为人的理想。在后世，随着宋学的勃兴，人们将六朝时代批判为佛、道等异端极其猖獗，先王之道被视若无睹的黑暗时代。不得不说，这是一种过于倾向儒家立场的批判。对于六朝人丰富多彩的精神生活，我们必须给予充分关注。

王羲之自然也不例外。他出身于一流贵族琅琊王氏，是具备各类教养的文化人。也可以说，他是第一流的文化人。王羲之向来以书法家而知名，然而作为书法家的王羲之只是其全貌的一部分。生活在公元六世纪的颜之推曾云：

【古文原句】

王逸少风流才士，萧散名人。举世唯知其书，翻以能自蔽也。[1]

【现代语译】

王羲之是风流才子，彻悟侘寂的达人。然而世间之人只关注他的书法，其本来面目反而受到了遮蔽。

在颜之推看来，王羲之作为书法家实在太过有名。不过，正如上文所言，他的书法脱胎于其广博富赡的教养。如果不明确这一点，对其书法的理解恐怕就难说周全。王羲之的书法与所谓的匠人技艺，乃是完全对立之物。

1.《颜氏家训》卷七《杂艺第十九》。

王羲之书法寻踪

"赚兰亭"的故事

序章

  唐太宗贞观年间某月某日，长江江面一艘开往湘潭（今湖南省湘潭市）的商船之上，出现了一位陌生旅客的身影。这位旅客姓萧名翼，化装成商人模样，实际却是唐朝官员。经过数次换乘船只，萧翼终于到达越州（今浙江省绍兴市）。这回，他又换上一袭宽大黄衫，假扮成穷书生，直接向永欣寺进发。萧翼此行，是受皇帝所命，要从永欣寺的辩才禅师处偷走王羲之的《兰亭序》。于是，就有了下面的故事。

  隋末乱世，李渊起兵于太原（今山西省太原市），并于公元六一八年建立唐王朝。从鼓动李渊举兵，到建立唐王朝，再到平定各地群雄，在此过程中不断辅佐李渊、为其提供关键助力的，是其次子李世民。由于实力出众，李世民的父亲、也就是唐高祖李渊对这位儿子也一直颇为忌惮。最终，公元六二六年，李世民于玄武门发动政变，凭借武力战胜了长兄皇太子及其政治派系，随后即位称帝。这位李世民，也就是闻名遐迩的唐太宗。随着太宗治世的到来，原本的乱世终于初现太平的曙光。具有唐朝特色的政策被渐次推行，同时，大量的文化事业也在这一时期发端。其中堪称首位的事业，是由孔颖达主持编纂的中国最为重要的经典——五经，即《易经》《书经》《诗经》《礼记》《春秋》的注释定本《五经正义》。而另一项不亚于《五经正义》编纂、为唐王朝所积极推行的重要文化事业，则是对先人书法作品的收集与整理。贞观六年（632）正月八日，朝廷下令整理现存曹魏钟繇、东晋王羲之等人真迹，总计获得一千五百一十卷。

王羲之书法的流传

　　众所周知，王羲之还在世的时候，他的真迹就广受关注。也正是因为太过瞩目，这些真迹传承至唐太宗时代虽然还不及三百年，却已遭受多次厄运。据说，王羲之为友人王修所写的《东方朔画赞》被王修带入墓中。南朝陈代时，王羲之妻弟郗昙墓中的王羲之真迹则被粗暴盗掘。由于盗墓行为暴露，这些真迹被朝廷没收，藏入秘府。可见，王羲之的墨宝被当时人奉若瑰宝，甚至用来随葬。此外，当时还有名为张翼的人物，可以完美模仿王羲之的书法，王羲之本人都无法分辨，发出"小人几欲乱真！"[1]的感慨。王羲之去世后不久的晋宋之际，就有人模仿王羲之的笔迹，用泥水做旧纸张，并细致伪造"真迹"的流传过程，幻想着借此一攫千金。由此看来，王羲之的书法应当存在不少赝品。至于不能算作赝品的所谓摹本，恐怕更是不计其数。

　　在众多君主中，首先对王羲之真迹产生兴趣的，是东晋末年的篡位者桓玄。桓玄经常将王羲之、其子王献之——即"二王"的书法杰作置于身边，加以赏玩。其篡位以百日天下而结束，随后桓玄便不得已逃出都城建康。逃亡之际，王羲之的真迹被桓玄装满船舱，随之一同在长江上漂泊避难。由于追兵进逼，这些真迹被丢弃江中。刘宋王朝的天子中也有不少王羲之书法的爱好者。宋文帝、宋孝武帝都将王羲之的真迹以字体分门别类地进行整理，并加以奢华的装裱。此外，宋明帝也曾寻求王羲之墨宝，不过当时已有大量的真迹下落不明。被誉为"文人天子"的梁武帝，对王羲之的书法具有独到见解，坐

---

1. 虞和：《论书表》，收入张彦远：《法书要录》卷二。

拥"二王书"凡七十八帙，合七百六十七卷，并用珊瑚轴、织成带、金题字、玉轴心加以装帧。

此后，随着萧梁末年的战乱，建康城荒废，这些书法被梁元帝运往新都江陵。不过，自关中而来的西魏军队很快便入侵了江陵。预感到将要亡国的梁元帝萧绎将自己关在东阁竹殿中，令人焚烧古今图书十四万卷，抽出吴越宝剑不断砍向柱子，叹云"萧世诚遂至於此，文武之道，今夜穷乎！"[1]并欲投火自焚。左右侍者拼命拽住萧绎，这才保下了一条命。但如此珍贵的文物就此化为灰烬。攻陷江陵的西魏军队带回长安（今陕西省西安市）的图书，仅仅是这十四万卷中的四千卷。上述十四万卷的图书中，当然也包括了"二王书"。幸免于焚毁的真迹，从江陵被运往长安，历经西魏、北周、隋诸政权，流转传承。

然而，灾厄随即又降临到了王羲之真迹的头上。厌恶中原北方粗粝风土，沉迷于江南温柔景色、美酒与女子的隋炀帝，沿着开凿不久的大运河，建离宫于江都（今江苏省扬州市），并将长安秘府的图书运送至此。运送途中，货船沉没，图书大半化为乌有。而侥幸未沉入河底的王羲之真迹，落入到弑逆主君、在江都离宫中杀死隋炀帝的宇文化及手中。此后，宇文化及与地方群雄不断交战，这些真迹也随着他的战败而全部消亡。总之，王羲之真迹饱受灾厄。至于唐太宗所收集的一千五百一十卷真迹，是收藏于隋朝东都洛阳（今河南省洛阳市）的那一批，因此幸免于难。

"二王书"中，唐太宗尤其喜爱王羲之的书法，不仅沉迷于观赏，而且热衷于临摹。因此在贞观十三年（639），唐太宗

1. 张怀瓘：《二王等书录》，收入张彦远：《法书要录》卷四。

❶ 王羲之：《东方朔画赞》

此國僕自京都言歸定省覲先生之縣邑想

風俳佪路寢見先生之遺像逍遙城郭覩 生之祠

宇慨然有懷乃作頌曰其辭曰

鳩、先生肥遁居貞退弗終否進兮遭榮臨世濯足稀

古振纓湼而無滓既濁能清無滓伊何高明剋承無

能清伊何視浮若浮樂在必行處兮剛慕跱世湤時

遠蹈獨遊磐望往代爰想避跡逤迴几生其道猶龍

滦跡朝隱和而不同接遲下位聊以從容我來自東言

適兹邑敬問壏墳仯佇原隰靈墓徒存精靈永戬宇

民思其軏祠宇斯立俳佪寢遺像在品周

歷厚荒蕪摧棟傾落草萊叢

居、弗刑遊、我情昔在有德内不遺雪天秩有祉

鑒孔明仿佛風塵應用乘頌聲

永和十三年五月十三日書與王敬仁

015

颁布敕令，向全天下征求王羲之的真迹。最终，王羲之的后代呈上了多达四十纸的真迹，加上其余所获，共计二千二百九十纸，装为十三帙，合一百二十八卷，被收入皇室秘藏之中。这些秘藏包括楷书五十纸，一帙八卷；行书二百四十纸，四帙四十卷；草书两千纸，八帙八十卷。经过起居郎褚遂良、校书郎王知敬的校定，由典仪王行真装裱。然而，尽管已坐拥如此壮观的收藏，唐太宗仍不满足。王羲之书法精品中的精品，获得绝高赞誉的《兰亭序》，始终都没有被发现。经过唐太宗千方百计的寻找，终于传来消息——《兰亭序》可能在越州永欣寺辩才法师处。辩才法师是智永法师的弟子，而智永法师则是王羲之的七世孙。由此来看，这个消息一定错不了。

太宗的执念

　　王羲之死后，《兰亭序》的确由子孙世代传承，最终归入智永法师的手中。遁入佛门的智永居住在山阴县——具体说来，是居住在越州西南三十一里兰渚山下侧近祖先坟茔的永欣寺中。智永日常宅居于永欣寺的阁楼上，埋头练习王羲之的书法。据说，智永三十多年间用废的笔头整整装满了五个容量一石有余的大竹筐。智永也不愧是王羲之后代，书法卓众。他手书的八百余部《千字文》被浙东地区诸寺院逐一收藏，大受赞誉。后来，智永以近百岁的高龄圆寂，《兰亭序》被传给了弟子辩才。作为僧人，智永自然没有后代。而之所以将《兰亭序》传给辩才，是因为辩才书法上的造诣。他临摹智永的笔迹，几可乱真。对于师傅智永托付的《兰亭序》，辩才为以防万一，反复思虑后，将之藏于方丈室的横梁上。这个秘密场所，辩才谁都没有告诉。

而就在这时，唐太宗寻求《兰亭序》的搜索网，也在逐渐收紧。终于在某日，敕使来到永欣寺，随后辩才被迎送至都城长安，于宫中的内道场受到了隆重接待。一开始，辩才不明就里。而在数日后，与辩才对坐交谈的唐太宗在闲聊时，若无其事地提到了《兰亭序》。听到这一话题，辩才表情微动，不过唐太宗并未察觉。唐太宗千方百计地试图套出《兰亭序》的下落，辩才也随机应变，妥善对付了过去，他这样对唐太宗说：

　　【古文原句】
　　往日侍奉先师，实尝获见。自禅师殁后，洊经丧乱，坠失不知所在。[1]
　　【现代语译】
　　昔日侍奉先师，的确见过《兰亭序》。不过自从禅师去世后，因接连乱世，《兰亭序》去向不明，不知所在何处。

　　辩才佯装不知《兰亭序》所在。唐太宗恼怒之余，也没有办法。只能暂且让辩才返回越州，同时不断派出密使加以监视，并不时令辩才入宫参谒。如此，唐太宗越来越相信《兰亭序》就在辩才手上。然而他获得《兰亭序》的愿望却一直未能实现。终于有一天，按捺不住的唐太宗与近臣们商讨此事：

　　【古文原句】
　　右军之书，朕所偏宝。就中逸少之迹，莫如《兰亭》。

1."太宗的执念"与"骗得《兰亭序》"两节所载萧翼赚《兰亭》的故事当主要参考了何延之所撰《兰亭记》，收入张彦远：《法书要录》卷三，下文不再一一出注。

調陽　雲騰致雨　露結爲霜
金生麗水　玉出崑岡　劍號巨闕
珠稱夜光　果珍李柰　菜重芥薑
海鹹河淡　鱗潛羽翔

②

求见此书，营于寤寐。此僧耆年，又无所用。若得一智略之士，以设谋计取之。

【现代语译】

王羲之的书法，朕欣赏万分。而在其中，没有比《兰亭》更佳者。我夙兴夜寐，希望能够一见真迹。那个和尚已是老糊涂了，且一向无能。我想寻得一智略之士，设下计谋，取得此物。

所谓右军，即王羲之所任右军将军的职位，逸少则是其字。此时，宰相房玄龄进言：

【古文原句】

臣闻监察御史萧翼者，梁元帝之曾孙。今贯魏州莘县，负才艺，多权谋，可充此使，必当见获。

【现代语译】

现任监察御史萧翼是梁元帝的曾孙。他现在落籍于魏州莘县（今山东省莘县），听说是颇有才能、本领之人。我认为他是此次任务的合适人选，一定能够将《兰亭序》拿过来。

如此，萧翼悄悄带上从唐太宗处借来的二王字帖与书画，一路掩人耳目，踏上了前往江南的旅途。

骗得《兰亭序》

萧翼到达永欣寺时，四周已被暮色笼罩。将寺院回廊的壁画浏览一遍后，他在一个禅院的门前停下了脚步。里面一位老僧向他打招呼：

【古文原句】

何处檀越？

【现代语译】

哪里来的施主？

这位老僧，正是辩才法师。萧翼深深低头作揖，答云：

【古文原句】

弟子是北人，将少许蚕种来卖。历寺纵观，幸遇禅师。

【现代语译】

我是北方人，带少许蚕种来卖。我正参观寺院，有幸遇见禅师。

打过招呼后，两人又闲聊了一会。萧翼谈吐不凡，令辩才深为折服，于是延请他进入内室。萧翼与辩才法师下棋、抚琴、玩投壶、握槊等杂技，清谈文学、历史，时间不知不觉便过去了。两人一见如故，萧翼也在辩才法师的请求下，留宿此处。辩才法师拿出越州名酒——缸面药酒和茶果，两人赋诗唱和，相见恨晚，通宵尽欢。此后，萧翼常常载酒踏访永欣寺，与辩才法师以诗酒相交。两人的友情也迅速热络起来。某日，萧翼带着从太宗那里借来的梁元帝手书《职贡图》来到永欣寺，辩才感叹之余，随即谈起了书法的相关话题。萧翼云：

【古文原句】

弟子先门皆传二王楷书法，弟子又幼来耽玩。今亦有数帖自随。

【现代语译】

家中先祖传承二王楷书的书法，我亦自幼有此爱好。此次旅途，我也带了数种法帖在身边。

辩才惊叹不已，请萧翼一定带来观摩。次日，萧翼将二王的真迹携来，辩才仔细观察，却显得波澜不惊：

【古文原句】

是则是矣，然未佳善也。贫僧有一真迹，颇是殊常。

【现代语译】

这些法帖也算不错，但不是第一等作品。贫僧也有一幅真迹，乃非凡品。

萧翼急切地问道：

【古文原句】

何帖？

【现代语译】

是什么法帖？

辩才答道：

【古文原句】
《兰亭》。
【现代语译】
《兰亭序》。

萧翼却说：

【古文原句】
数经乱离，真迹岂在? 必是响拓伪作耳。
【现代语译】
您说什么? 经历了这么多次乱世,《兰亭序》的真迹岂能存在? 一定是响拓赝品吧。

所谓响拓，是指原本墨迹暗淡后，在暗室中，以窗户照射进来的光所拓写的摹本。听闻此言，辩才法师稍稍板起脸来，说道：

【古文原句】
禅师在日保惜。临亡之时，亲付于吾。付受有绪，那得参差? 可明日来看。
【现代语译】
勿要瞎说。这是智永禅师在世时珍爱之物。临终之际，他将此物亲自托付给我。这本法帖源流清晰，哪里会有问题? 明天我拿给你看。

次日，辩才法师从书房的横梁上取下《兰亭序》，摊开展示。透过窗户射入的朦胧光线中，美丽夺目的笔迹展现于眼前。萧翼压抑住无比激动的心情，故意挑剔细节，云：

【古文原句】

果是响拓书也。

【现代语译】

果然是响拓之作。

辩才也较真起来，两人往复讨论，纷竞不定，一天也就这样过去了。

《兰亭序》一旦被拿出来给萧翼看过，辩才原本紧绷的心弦似乎也就放松下来了。《兰亭序》也因此没有被重新藏回横梁，而是与从萧翼处所借来的二王诸法帖一起被置于几案上，辩才法师一有兴致就专心临摹。此后，萧翼一如既往地拜访辩才，小和尚们也对他不再戒备。某日，辩才去信徒家做法事，不在寺内。早已知晓的萧翼前来禅院拜访，谎称"遗却帛子在床上"，请小和尚帮他开了门。随后，萧翼一下闪进屋内，将桌上的《兰亭序》与二王法帖揽入怀中，赶往永安驿，告知驿长：

【古文原句】

我是御史，奉敕来此，有墨敕，可报汝都督齐善行。

【现代语译】

我乃御史，奉敕命来此。墨敕在此，快向你的都督齐善行报告。

都督齐善行不久后赶到，萧翼拿出敕旨展示，说明事情原委。齐善行立刻派出使者召辩才前来。辩才此时还蒙在鼓里。随即又有使者告知辩才：

【古文原句】

侍御须见。

【现代语译】

御史正在等您。

辩才前往驿站，一看御史，正是萧翼。萧翼说道：

【古文原句】

奉敕遣来取《兰亭》。《兰亭》今得矣，故唤师来取别。

【现代语译】

我奉敕命来取《兰亭序》。现在已经拿到此物，特意召您前来，是为了与您道个别。

听闻此语，辩才眼前一黑，倒地不起，良久才苏醒过来。

萧翼骑着快马回到长安，唐太宗大悦。因推举有功，房玄龄被赏赐锦彩千段。萧翼升任员外郎，并赐予银瓶、金缕瓶、玛瑙碗各一，内盛满珍珠；内厩良马两匹，兼宝装鞍辔；庄园、宅邸各一所。另一方面，唐太宗对一直欺骗自己的辩才颇为恼怒，但考虑到辩才年逾八十，也就不再怪罪，令越州支给丝绸三千段、大米三千石。辩才以这些绸缎粮食建造了三层宝塔。不过，老师传下来的王羲之绝品真迹，毕竟丢失于自己之手，辩才心痛不已，食欲不振，此后一年多就去世了。

事件的真相

上一节内容，主要依据活动于唐武则天至玄宗时代的何延之所撰《兰亭记》。不过，这则故事的趣味性未免也太强了，不由得让人生出许多怀疑。那么，何延之自己对这个故事是何态度呢？据他所言，他是在长安二年（702）前往越州旅行时，于永欣寺智永禅师曾居住过的禅房中，听闻自己的母族、同时也是辩才弟子的玄素法师讲述此事，而后整理成文。考虑到唐初的代表画家阎立本有画作《赚兰亭》存世，如此说来，这个故事的真实性也不能完全否定。不过，唐太宗究竟怎样获得《兰亭序》，的确也存在其他说法。

例如，与何延之几乎同时代的刘悚，在《隋唐嘉话》中有如下叙述：王羲之后代所传承的《兰亭序》真迹，在梁末战乱时下落不明。然而到了陈代，僧永不知又从何处获得此物，献给了陈宣帝。此后，在隋伐陈，军队进入江南时，有人在纷乱之际向隋军总司令晋王杨广——也就是后来的隋炀帝献上《兰亭序》，不过杨广对此物不以为意。僧人智果向杨广借来真迹，用以制作摹本，便一直留在手上。智果死后，传给了弟子僧辩（这里的"僧辩"或许就是辩才）。另一方面，唐太宗还是秦王的时候，就看过《兰亭序》的摹本，大为入迷。他一直希望能够寻获真迹，但始终未能如愿，后听闻真迹在僧辩处，便派出萧翼前往越州。武德四年（621）时，《兰亭序》入秦王府中。刘悚的记载与何延之近乎小说的情节完全不同。此外，宋代撰成的《南部新书》则提及，被派往越州的使者不是萧翼，而是著名书法家欧阳询。

尽管众说纷纭，不过唐太宗醉心于王羲之的书法，尤其是醉心于《兰亭序》的事实，却足以想象。而围绕唐太宗与《兰亭序》的故事不止于此，上述何延之所说的故事其实还有后续：

唐太宗得到《兰亭序》后，立刻命令宫廷拓书人赵模、韩道政、冯承素、诸葛贞等四人拓写数本。所谓拓写，是指用薄纸在真迹上细致临摹。这几部拓写的摹本被赐给了皇太子等王族和近臣。贞观二十三年（649），位于长安以北坊州宜君县（今陕西省宜君县）的玉华宫含风殿中，唐太宗即将离世。临终之际，李世民将皇太子李治，即后来的高宗招至枕边，便有了如下对话：

【古文原句】

吾欲从汝求一物。汝诚孝也，岂能违吾心耶，汝意如何？

【现代语译】

我想向你求一件东西。你是至孝之子，肯定不会违背我的意愿，你看如何？

哽咽呜咽的李治，赶紧集中精神，听取父亲的训示：

【古文原句】

吾所欲得《兰亭》，可与我将去。

【现代语译】

我想要的是《兰亭序》，在前往黄泉的旅途中，我希望带上它。

至高无上的皇帝之位也好，如山堆积的财宝也罢，都传给了高宗李治。但唯有一物，李世民不愿传给子孙，那便是《兰亭序》真迹。何延之最后还补充说到，李治遵循太宗遗令，将

《兰亭序》陪葬于昭陵之中，《兰亭序》真迹便在人间消失了。因此，据说唐玄宗时，赵模等人的拓摹本也能够卖到数万钱的天价。

《晋书·王羲之传》

唐太宗贞观十八年（644），作为文化事业的一环，从全国遴选出的八位学者开始编纂晋代历史——也就是《晋书》。此次编纂，意在统合此前世上流传的十数种有关的晋代史书，取长补短，将西晋、东晋一百五十余年的历史整理为一百三十卷的标准晋代史，传于后世。作为底本的各类晋史，随着时间的流逝，至今已基本散失了。唯有唐初编纂的《晋书》以全本的形态传承至今。

由于《晋书》是受敕命编纂，再加上在一百三十卷的文本中，唐太宗执笔撰写了四卷论赞——即附于卷末的史评。因此，《晋书》被题为"御撰"。唐太宗执笔的四卷论赞，对象为皇帝的是卷一《宣帝纪》、卷三《武帝纪》，对象为臣民的是卷五四《陆机传》、卷八〇《王羲之传》。陆机是西晋一朝的诗人，太宗称赞陆机的文学"百代文宗，一人而已"，但对于他沉迷政争，而最终丧命的政治生涯则持批判态度，论云"智不逮言"。对于王羲之，唐太宗则始终只评论王羲之的书法，将其与曹魏钟繇、王羲之之子王献之、梁代萧子云等书法家相比较，赞誉王羲之的书法"尽善尽美"。所谓"尽善尽美"，原本是孔子评价古圣君舜时代的《韶乐》所用赞语。唐太宗写道：

【古文原句】

所以详察古今，研精篆素，尽善尽美，其惟王逸少乎！

右正誤凡十七

荻生茂卿謹識

其餘區區之類何足論哉

翫之不覺為倦覽之莫識其端心慕手追此人而已

煙霏露結狀若斷而還連鳳翥龍蟠勢如斜而反正

畫善善萃其惟王逸少乎觀其點曳之工裁成之妙

邪此數子者皆譽過其實所以詳察古今研精篆素

筋窮萬穀之皮欲無半分之骨以茲播美非其濫名

【晉列傳五十】　十六　　桷舒堂

元帝太元年

於紙中坐徐偃於筆下雖禿千兔之翰聚無一毫之

無丈夫之氣行若縈春蚓字字如綰秋蛇臥王蒙

者故翰墨之病歟子雲近世擅名江表然僅得成書

槎枿而無屈伸其餓隷也則羈羸而不放縱奚斯二

冬枯樹覽其筆蹤拘束若嚴家之餓隷其枯樹也雖

為瑕猶之疎璧之雖有父風殊非新巧觀其字勢踈瘦如

但其體則古而不今字則長而逾制語其大量以此

或有所疑至於布纖濃分疎密霞殘畫卷無所間然

以降孰可言焉鍾雖擅美一時亦為迥絶論其盡善

之妙無復餘蹤師宜懸帳之奇索字存遺跡遂予鍾王

3

观其点曳之工，裁成之妙，烟霏露结，状若断而还连；凤翥龙蟠，势如斜而反直。玩之不觉为倦，览之莫识其端。心慕手追，此人而已。其余区区之类，何足论哉！

【现代语译】

若对古今之事一一考察，研讨各种各样的作品，能够称得上尽善尽美的，只有王逸少（羲之）一人而已！其运笔之技巧，结构之精妙，如云烟飞舞、露水凝结，笔迹貌似断开而实际又相连；如凤凰振羽、苍龙盘踞，笔迹貌似倾斜而实际又笔直。赏玩其书法，则忘记疲倦；阅览其笔迹，感觉无穷无尽。我心中仰慕、作为范本练习者，唯有此人而已。至于其他书法小家，完全不足为道！

圣人，亦即完美无瑕之人。在书法世界完美无瑕，留下"尽善尽美"之作的王羲之，自然可被称为书圣。那么，能够让唐太宗为之心醉的王羲之书法，究竟是如何产生的？在王羲之的众多真迹中，《兰亭序》尤其让唐太宗念念不忘。那么，就让我们从《兰亭序》的诞生开始说起吧！

艰难世间

王羲之及其时代

《兰亭序》

千岩万壑

　　三月上巳是中国的传统节日，在三月的第一个巳日，人们前往河边，进行被禊的仪式。被禊本是洗净身体不洁之物的严肃宗教性活动，但从不知何时开始，成了男女盛装打扮，去郊外踏青嬉戏的游乐活动。古代的上流贵族在这一天置酒、奏管弦、赋诗、谈论哲学，游乐方式蔚为风雅。又不知从何时开始，这一节日的时间从三月的上巳日，变化且固定为三月三日。或许是由于月、日数字相同，便于记忆。

　　东晋永和九年（353）三月三日，在右军将军、会稽内史王羲之的召集下，当地名士聚集于山阴县西南二十多里的名胜之地——兰亭。二十里，约相当于今天的八公里有余，对于当日往返的娱乐活动而言，是个比较合适的距离。当日，参加兰亭雅集的有王羲之之子王玄之、凝之、涣之、献之，此外还有王羲之的友人、僚属等，共计四十二人，可谓盛会。

　　会稽郡山阴县，也就是现在的浙江省绍兴市，作为鲁迅的故乡而为人所知。根据上古传说，夏王朝的创始人大禹在浙江——即钱塘江以东（亦称浙东）的这片土地上会集天下诸侯，对其政绩进行评判，故有会稽之名。所谓会稽，意为"会集而稽考"。据说，大禹也死于此地，葬于会稽山中。传说时代的故事，暂且不论。春秋时期，越国以浙东为中心建国。越王勾践与吴王夫差因复仇而起的多次惨烈战斗以及"卧薪尝胆"的故事，都非常有名。时代流转，建立中国首个大一统王朝的秦始皇巡行全国，于公元前二一〇年于会稽山祭祀大禹，同时在此眺望南海、立颂德碑。被誉为中国的"希罗多德"的司马迁，年轻时也曾在长途旅行中到达会稽，"上会稽，探禹穴"[1]，观摩秦始皇颂德碑，相关文字见于《史记》。如上所见，作为江南的重要地点，会稽在很早的时代就为人所知。不过，从整个中国的角度来看，江南的开发长期处于落后地位。因此，即便是在秦汉时期，跨越长江，尤其是南渡钱塘江必须经过的会稽郡，只能说是中原文明光芒所及的最边缘之地。春秋时期的越国与中国诸国相比，也只是蛮夷之国。而且，对于非海洋民族的中国人而言，大海并不是寄托希望与梦想之处，而是魑魅魍魉出没之所。临眺大海的地方，就是会稽之所在。

不过，公元三世纪的三国时期，孙吴政权以江南作为领地建立国家。更为重要的是，四世纪初，被非汉族群逼出华北的晋王朝于江南复兴，是为东晋。江南的开发也迎来了急速推进。随着沟渠水利的大量建设，原本的潮湿洼地变为良田。沟渠之上，满载物资的船只来来往往。会稽作为江南的核心区域骤然崭露头角。此外，会稽还拥有上天所赐予的绝美山水。当时人对于会稽的山水之美，曾描绘云："从山阴道上行，山川自相映发，使人应接不暇。"[2]"千岩竞秀，万壑争流，草木蒙笼其上，若云兴霞蔚。"[3]

永和七年（351），王羲之以会稽内史的官职赴任当地。他同样为会稽山水之美所深深吸引，心中悄然决定将之作为自己的终焉之地。不仅如此，会稽还聚集着大量爱好自然的名士，与名士的往来交流也成了王羲之的一大乐事。名士云集的会稽是绝对不输于都城建康（今江苏省南京市）的人文中心。如果

1.《史记》卷一三〇《太史公自序》。
2.《世说新语》上卷上《言语第二》。
3.《世说新语》上卷上《言语第二》。

王羲之：六朝贵族的世界

举例而言，就相当于今天的轻井泽之于东京。[1]名士们或吟诗作对，或围绕一定的主题研讨哲学，或进行展现智慧的谈论（即清谈），或讲释佛经。名士们与王羲之的往来，与其会稽内史的身份无关，而是人与人之间的纯粹交往。

会稽名士列传

会稽名士中首屈一指、众人叹服的人物，是寓居于上虞县（今浙江省绍兴市上虞区）东山的谢安（字安石）。谢安不断回绝出仕的邀请，致力于清谈、作诗。他沉迷于会稽山水，游览时必定带上数位女伎，在游玩方面颇为精通。某次，谢安出游，原本平静的海面风波骤起，同行朋友都想赶紧返程，谢安却更加意气风发。船夫继续行船向前，风浪愈发迅猛，同行众人失色。终于，谢安慢条斯理地说：

【古文原句】

如此，将何归邪？

【现代语译】

那么，差不多可以回去了吧？

大家这才赶忙返程。当时，王羲之也在此一行人中。此外，关于谢安还有另一个故事。谢安的兄弟们都在政界担任高官，唯有谢安优哉游哉，不以仕途为意。谢安夫人颇为着急，催促谢安云："丈夫不如此也？"谢安则一边悠然捏着鼻子，一边正

1.轻井泽，位于东京以北的长野县，草木繁茂、气候宜人，是日本名流的避暑胜地，别墅众多。

西域東山蹈顛塵中原千事叢座徒
編群姬逐伴自顧莫稱勝桓溫
壁後人
左讀而戊甚七十而清狂道人
泰和郭初誠

经说道:"恐不免耳。"[2]

　　同样居住于东山中的还有许询(字玄度),他过着隐居的生活。许询耽爱山水,身形敏捷,能够自如穿梭于山水间,故时人有云:

　　【古文原句】
　　许非徒有胜情,实有济胜之具。[3]

　　【现代语译】
　　许询不仅有寻访名胜之心,探索名胜的道具也一应俱全。[4]

　　许询不但相貌清秀,而且才学、性格皆佳,是清谈界的知名人物。因此,许询广受各方邀请,还会时不时前往都城。时任丹阳尹的刘惔曾云:

　　【古文原句】
　　清风朗月,辄思玄度。[5]

1.原书中《东山携妓图》作者写为"郭翊",误。当为郭诩。
2.本段两则故事情节与谢安所语出自《晋书》卷七九《谢安传》。
3.《世说新语》下卷上《栖逸第十八》。
4."探索名胜的道具"指许询的身体素质较好。
5.《世说新语》上卷上《言语第二》。

【现代语译】

每逢清风朗月之际，便思念起许君玄度。

王羲之也不时邀请许询前往自家做客。某次，王羲之让许询自己评价与谢安的优劣，许询为难不言。王羲之则评价道：

【古文原句】

安石故相为雄。阿万当裂眼争邪。[1]

【现代语译】

君与谢安自是棋逢对手。万君则必须瞪大眼睛，方可与你一较高下。

意为许询与谢安各有胜场，但谢万则难与许询匹敌。王羲之与谢万的关系也非常亲密。尽管王羲之曾评价谢万云：

【古文原句】

在林泽中，为自遒上。[2]

【现代语译】

身处山林沼泽之间，万石（谢万）便可自然而然地发挥本领。

但他还是更看重许询，认为谢万远远不及。

许询有位年轻时代就已相交的朋友，名为孙绰，字兴公。

1.《世说新语》中卷下《品藻第九》。
2.《世说新语》中卷下《赏誉第八》。

两人一同开拓了新的诗歌风格，为世人所喜爱。在此以孙绰应答许询组诗中的一首举例：

> 自我提携，倏忽四周。
> 契合一源，好结回流。
> 泳必齐味，翔必俱游。
> 欢与时积，遂隆绸缪。
> 一日不见，情兼三秋。[1]

这首诗的韵律宛如写给恋人。许询、孙绰两人的感情，或许就如志同道合的恋人一般。最初，孙绰也有隐居会稽的志向，不过半途屈节，进入官场。他先是担任建武将军、扬州刺史殷浩的幕僚，后担任王羲之右军将军府的长史，再次回到会稽。对于自己的屈节，孙绰似乎并无意识。谢万曾撰《八贤论》，认为隐士优于出仕，并向孙绰展示。孙绰则立即反驳云：

【古文原句】
体玄识远者出处同归。[2]
【现代语译】
对于认识到玄远境界的人而言，归隐、出仕并无不同。

孙绰屈节仕途，自然招致了不少批评。但他的文采，世人也不得不加以认同。喜爱许询的清新脱俗者，则厌恶孙绰的官

1.孙绰：《答许询一首》，收入《文馆词林》卷一五七《诗·一七》。本书所引古诗作者仅作训读，故直接引用古文原句，下不一一出注。
2.《世说新语》上卷下《文学第四》。

臭味；认同孙绰文采者，则不认可许询的长处。许、孙二人，是一种良性的竞争对手。有人曾询问孙绰：

【古文原句】

君何如许？

【现代语译】

您自认相比许询如何？

孙绰则答云：

【古文原句】

高情远致，弟子早已服膺。然一咏一吟，许将北面矣。[1]

【现代语译】

若论性情通透、风格悠扬，我很早就敬服许询。但若论诗才，许询必然甘拜下风。

向孙绰提问的，是剡县（今浙江省嵊州市）山中寺庙的沙门支遁（字道林）。支遁既是僧侣，也是博学的文化人。支遁对于当时文人热衷阅读的《庄子》造诣很深，甚至以《庄子》的格义来解释佛典。在《庄子》中，《逍遥游》一篇被认为极难解读，而支遁的新解读被公认为远远超出既有解读的水平。实际上，王羲之与支遁深交就源自《逍遥游》。起初，孙绰一直建议王羲之拜访支遁，但不知为何，王羲之一直未加理睬。某日，在王羲之将要外出时，支遁不顾车驾已备好，呼喊羲之

---

1. 本句及上句典出《晋书》卷五六《孙绰传》。

止步，云：

> 【古文原句】
> 君未可去。贫道与君小语。[1]
>
> 【现代语译】
> 请王君稍等。小僧想与您稍稍聊几句。

于是与王羲之讨论起了《逍遥游》。不知不觉间，王羲之停下脚步，沉醉于支遁灵动的思维与绚烂的表达，忘记了时间的流逝。完全被支遁的魅力所吸引的王羲之恳请他留居山阴县内的灵嘉寺，支遁则匆忙跑回了剡山。自此以后，王羲之与支遁开始亲密交游。乃至于王羲之评价支遁曰：

> 【古文原句】
> 器朗神俊。[2]
>
> 【现代语译】
> 心胸阔达，头脑敏锐。

另有一日，支遁从王羲之宅中返回，有人向他问及对王羲之诸子的印象如何。支遁答云：

> 【古文原句】
> 见一群白颈乌，但闻唤哑哑声。[3]

1.《世说新语》上卷下《文学第四》。
2.《世说新语》中卷下《赏誉第八》。
3.《世说新语》下卷下《轻诋第二十六》。

【现代语译】

一群白头鸟，只听见哇呜哇呜地乱叫。

除去学问，当时人还对支遁洒脱的人格钦慕不已。支遁一直饲养骏马数匹，有人说：

【古文原句】

道人畜马不韵。

【现代语译】

出家人养马是件怪事。

支遁则若无其事地答云：

【古文原句】

贫道重其神骏。[1]

【现代语译】

贫道看重这几匹马的神骏。

有人曾送给支遁两只鹤。为了不让鹤飞走，支遁将它们的翅膀剪断。鹤不断回望翅膀，垂头懊丧。支遁见此，云：

【古文原句】

既有凌霄之姿，何肯为人作耳目近玩！[2]

1.《世说新语》上卷上《言语第二》。
2.《世说新语》上卷上《言语第二》。

【现代语译】

既然天生有翱翔高空的姿态，又怎会愿意沦为人类的消遣玩物！

于是重新将鹤的翅膀养成，将它们放生。支遁就是这样一位有着诸多人情味逸事的沙门。

此外，王羲之还与剡县县令李充，致仕后闲居剡县的阮裕等人尤为亲近。对于阮裕，王羲之曾作如此评价：

【古文原句】

此君近不惊宠辱，虽古之沉冥，何以过此？[1]

【现代语译】

阮裕不因贵贱、荣辱等事而担惊受怕，哪怕古代沉冥之人也不过如此。

沉冥，是玄寂的同义词，曾用来形容汉代人严遵的处世态度。

兰亭之会

参加兰亭之会的还有谢安、谢万、孙绰等人。此外，王羲之的叔父王彬之、妻弟郗昙，孙绰的哥哥孙统都参加了此次盛会。

那一日，弥漫着春日气息的微风轻抚着人们的脸颊，从晴朗的碧空中，阳光洒落，会稽的山水风貌，景致鲜明。远处是

1.《世说新语》下卷下《栖逸第十八》。

⑤ 樊沂:《兰亭修禊图》[1]

1.原书所配插图名为"宋·刘松年《兰亭修禊图卷》",可能转引自外山军治:《王羲之とその周辺》中的同一幅插图,见下中邦彦编:《书道全集》第四卷《中国4·东晋》,平凡社,一九六〇年,第十二页。因原书和《书道全集》中相关图片皆不甚清晰,且该图卷不见于正式馆藏,因此中译本替换为美国克利夫兰艺术博物馆所藏清代樊沂的《兰亭修禊图》。此外,承蒙苏州大学蔡春旭老师告知,刘松年的传世画作中没有这一画题的作品,从图画内容来看很可能是明清时期的伪作,因为目前所知传世兰亭主题画作似乎没有早于明代者。明代中期开始,这类典故题材的画作特别流行,不少作伪者会标榜宋元名家,原书所引"宋·刘松年《兰亭修禊图卷》"或许也属此种情况。

险峻的山峦，近处是茂密的森林、竹林。流淌于山冈、茂林之间的清澈溪流在阳光下闪闪发光。人们将河溪的流水引出，随意落座，手捧着顺着水流而下的酒觞，吟诵着自己创作的诗歌。如果没有赋诗，作为惩罚，则必须要喝一大杯酒，约合三斗。这就是所谓的曲水流觞之宴。在兰亭之会上，除去被罚酒的十五个人；作四言诗和五言诗各一首，共计两首的，包括王羲之在内有十一人；作诗一首的，有十六人。以下是王羲之所作四言诗，这是一首赞颂春天气息的诗歌：

> 代谢鳞次，忽焉以周。
>
> 欣此暮春，和气载柔。
>
> 咏彼舞雩，异世同流。
>
> 乃携齐契，散怀一丘。 [1]

王羲之等二十七人的作品在不久后，以《兰亭集》为名汇编成册，并加上了王羲之的前序与孙绰的后序。所谓《兰亭序》，即王羲之的前序。前序是王羲之在兰亭会上，趁兴取来笔纸所写就。他使用的笔，称为鼠须笔，笔毛如老鼠胡须一般坚韧；使用的纸，称为蚕茧纸，纤维的纹理较粗，宛如蚕茧一般，纸质硬挺。王羲之一气呵成的《兰亭序》，有二十八行，三百二十四字。哪怕是同一个字，运笔也绝不重复。例如文中二十余个"之"字，就各有不同写法，的确是一部酣畅淋漓的作品。据说，在宴会结束、酒醒之后，王羲之又誊写《兰亭序》

---

1. 王羲之：《兰亭诗二首·其一》，收入桑世昌：《兰亭考》卷一。唐代柳公权行书《兰亭诗卷》中亦收该诗，文字小有不同。

数十数百回，但远远不及最初即兴写就的版本，于是最终把初版留在身边，传给了子孙后代。

死生亦大矣

《兰亭序》不仅是书法艺术成就突出的作品，还是极具思想深度的作品。

> 永和九年，岁在癸丑，暮春之初，会于会稽山阴之兰亭，修禊事也。群贤毕至，少长咸集。[1]

据说，拥有这一脍炙人口文章开头的《兰亭序》，被当时人比拟为《金谷诗序》，王羲之听说此事，大为满足。《金谷诗序》是西晋元康六年（296），于洛阳南郊金谷涧石崇别墅举行的送别王诩宴会上，众人赋诗合集的序文，由石崇所作。接下来，《兰亭序》写道：

> 此地有崇山峻岭，茂林修竹，又有清流激湍，映带左右，引以为流觞曲水，列坐其次。虽无丝竹管弦之盛，一觞一咏，亦足以畅叙幽情。是日也，天朗气清，惠风和畅。仰观宇宙之大，俯察品类之盛。所以游目骋怀，足以极视听之娱，信可乐也。

1.王羲之《兰亭序》有多个版本，本书引用《晋书》卷八○《王羲之传》所录版本。下文不再一一注出。作者本节所引《兰亭序》的内容有部分训读，有部分用现代语转写。训读部分直接引用古文原句，转写部分则注明并译出。

暮春三月的自然，身处广阔宇宙之下，葱郁繁盛，诉之于人类的耳目视听，美丽而令人愉悦。不过，《兰亭序》叙述的并不仅仅是这些风流表象。在《万叶集》卷五中有《梅花之歌三十二首》，它们是天平二年（730）正月十三日，吟诵于大宰帅大伴旅人婚宴上的诗歌。[1]一般认为，《梅花之歌三十二首》的序言是模仿《兰亭序》而作，此序以花鸟风月的抒情为始终。而《兰亭序》本身却并非如此，文中将人的存在与浩瀚的宇宙、繁盛的万物相对而置。当王羲之意识到人世间的无常、虚幻时，他的心绪难免发生了剧烈波动：

【古文原句】

夫人之相与，俯仰一世，或取诸怀抱，悟言一室之内，或因寄所托，放浪形骸之外。虽趣舍万殊，静躁不同，当其欣于所遇，暂得于己，快然自足，不知老之将至。及其所之既倦，情随事迁，感慨系之矣。向之所欣，俯仰之间，已为陈迹，犹不能不以之兴怀。况修短随化，终期于尽。古人云，死生亦大矣，岂不痛哉！

每览昔人兴感之由，若合一契，未尝不临文嗟悼，不能喻之于怀。固知一死生为虚诞，齐彭殇为妄作，后之视今，亦犹今之视昔，悲夫！故列叙时人，录其所述。虽世殊事异，所以兴怀，其致一也，后之览者，亦将有感于斯文。

1.大伴旅人（665—731），日本奈良时代政治家、歌人，曾担任大宰帅一职。大宰帅为大宰府的长官。大宰府又称太宰府，是公元七世纪后半叶日本于九州岛筑前国设置的重要地方行政机构，遗址位于今日本福冈县太宰府市。

【现代语译】

本来人之一生，或是在一室之内静静述说胸中感怀，或是为志向所趋，言行自由奔放。这些生活方式实际上有静有动，人在境遇愉快、得意之际，便会一时满足，哪怕老年将至都毫无察觉。等到得意变为倦怠，感情发生变化，无法释怀的感慨就会翻涌而出。方才喜爱之物，刹那间便已成为过去。然而就是这点儿小事儿，人们的心绪却不得不为之摇曳。更何况人的生命长短不同，最终归于结束。古人云："死生亦大矣（死生也是个大问题）。"哪能不让人感到痛心呢！

每每读到古人生发感慨的理由与现今自己相同时，我都会面对书籍，胸中痛楚，无由来的悲伤令人难以忍受。我清楚地知道"一死生、齐彭殇"（将死与生、长寿与夭折视若同一）的庄子哲学不过是胡言乱语的谎言。后世之人看待我等，正如我等在现在的时间点上看待过去。此事真令人悲伤。因此我在此列举参与兰亭集会者的名字，收录他们的作品。即便世间流转、事物迁移，引发感动的源流最终是一致的，后世的读者也一定会为这些作品所感动。

贯穿《兰亭序》的主基调，就是如上这样对事物兴衰变迁的一种悲哀感，尤其是对存在于由生至死确实变化中的人的悲哀感。在庄子的哲学中，并不认为生与死、早夭的婴儿与八百岁高寿的彭祖有什么不同，而是以超越其上的绝对立场将两者视为一物，由此将人们从对死亡的恐惧中解放出来。而王羲之则反对这一论调，在他看来，没有比死亡更为沉重、切实的东西了。如谢安那样，在沉醉于春风美酒之时，吟唱着"万殊混一理，安复觉彭殇"[1]，但这种状态终究又能维持几时呢? 就在此一瞬间，快乐的心境为悲伤所逆袭，洒脱的情绪被无情地击碎。这种悲哀感，在孙绰所作《兰亭集》的后序中，也同样叙及：

> 于是和以醇醪，齐以达观，决然兀矣，焉复觉鹏鷃之二物哉? 耀灵纵辔，急景西迈，乐与时去，悲亦系之。往复推移，新故相换，今日之迹，明复陈矣。[2]

不过正因如此，王羲之认为必须充实地过好生命的每一瞬间、每一时刻。在江南的自然风光近在眼前之时，就应当沉浸其中，以"信可乐也"之态度仔细吟味。他还认为，自然不仅仅能够让人感到愉悦，其千变万化之形，则展现了相同的"理"。在天地山川、一草一木中，都有"理"的出现。正如在兰亭会上，王羲之所作的如下五言诗：

> 仰眺碧天际，俯瞰绿水滨。
> 寥朗无涯观，寓目理自陈。
> 大矣造化功，万殊靡不均。
> 群籁虽参差，适我无非亲。[3]

---

1. 谢安：《兰亭诗二首·其二》。
2. 孙绰：《三月三日兰亭集序》，收入欧阳询：《艺文类聚》卷四《岁时部·三月三日》。该段作者仅作训读，故直接引用古文原句。
3. 王羲之：《兰亭诗二首·其二》，见于唐代陆柬之行书《五言兰亭诗》，亦收入张彦远：《法书要录》卷一〇《右军书记》，但不全。

《兰亭序》伪作说

近年来，《兰亭序》伪作说在中国学界颇为盛行。[1]这一观点，发端于中国著名作家、古代史学家，同时也是政治家的郭沫若。在一九六五年第六期的《文物》杂志上，郭沫若以《由王谢墓志的出土论到兰亭序的真伪》为题发表文章，论证了《兰亭序》伪作说。当时，有少数学者提出了反对意见，郭沫若加以反驳，而大多数人似乎都赞同郭沫若的意见，《兰亭序》伪作说由此成为主流看法。下面，我们就一边解说，一边介绍郭沫若的观点。

一九六五年，南京人台山出土了一方《王兴之夫妇墓志》。王兴之不是别人，正是王羲之的从弟。所谓墓志，是刻于砖石之上，埋藏于墓葬之中的铭文。《王兴之夫妇墓志》的一面，刻写文字如下：

> 君讳兴之，字稚陋，琅耶临沂都乡南仁里，征西大将军行参军赣令。春秋卅一，咸康六年十月十八日卒。以七年七月廿六日葬于丹杨建康之白石，于先考散骑常侍尚书左仆射特进卫将军都亭肃侯墓之左。故刻石为识，臧之于墓。[2]

墓志的另一面，刻写其妻宋氏的信息如下：

1.《兰亭序》伪作说在中国学界盛行主要是在二十世纪六七十年代。本书日文初版刊行于一九七二年，因此作者在这里写到《兰亭序》伪作说"近年来"在中国学界比较盛行。
2.该墓志作者仅作训读，故直接引用古文原句。下方《王兴之夫人宋和之墓志》亦同。

君諱興之字稚隨琅邪臨

沂都鄉南仁里征西大將

軍行泰軍顓令春秋卅

咸康六年七月十八日一

ム七年七月廿六日窆于

丹楊建康之白石於先考

散騎常侍尚書左僕射特

進衛將軍都亭肅矦墓之

盧故刻石為識藏之於墓

長子閬之

次子嗣之　父字稚容

次子咸之

次子預之　出養第二伯

命婦西河界休都鄉吉遷

里宋民名和之字秦嬴春

秋卅五永和四年十月三

曰車ム其月廿二曰合葬

於君柩之若

父栝字世儁使持節散騎

常侍都晉泰梁二州諸軍

軍冠軍將軍梁州刾史野

王公

弟延之字興祖襲封野王

公

　　命妇西河界休都乡吉迁里宋氏，名和之，字秦嬴。春秋卅五，永和四年十月三日卒。以其月廿二日合葬于君枢之右。

　　此外，一九六四年九月，南京戚家山又出土了太宁元年（323）的《谢鲲墓志》。谢鲲是谢安、谢万等人的伯父。在此，以墓志制作时间为序，排列《王兴之夫妇墓志》《谢鲲墓志》，以及一九五八年发现的《颜谦夫人刘氏墓志》、一九六二年发现的《刘剋墓志》：

　　　　《谢鲲墓志》，东晋明帝太宁元年（323）

　　　　《王兴之墓志》，成帝咸康七年（341）

　　　　《颜谦夫人刘氏墓志》，穆帝永和元年（345）

　　　　《王兴之夫人宋氏墓志》，穆帝永和四年（348）

　　　　《刘剋墓志》，穆帝升平元年（357）

　　以上五种墓志撰作于东晋初期三十余年间，就书法而言，基本处于隶书阶段。这一事实就对《兰亭序》的真伪提出了极大疑问。之所以这么说，是因为作于永和九年（353）的《兰亭序》，书法与唐以后的楷书一致，并没有隶书的笔意。有反对意见认为，刻石与纸写的书法各有不同。然而西晋陆机的《平

五月七日羲之頓首快雪時晴佳想安善未果為結力不次王羲之頓首

臺使君雨後想大熱怛不去心今奉

二日書為慰得知玉淵息想同申

千迎王使迴復羅欲此雲

雅安承事任想足到也

今至道熱得大任相聞遇

消息書問老意頓首頓

复帖》和前凉时期的《李柏文书》均与碑刻一样，书法富含隶书味道。如此一来，上述反对意见也就失去了依据。

其实，《兰亭序》的问题不仅仅在书法层面，也包括文章本身。成书于公元六世纪、萧梁昭明太子所编纂的《文选》并未收入《兰亭序》。这一事实早先就已引发了人们的怀疑，认为《兰亭序》是后世伪作。李文田于清末光绪十五年（1889）所作定武本《兰亭序》的跋文中就叙述了这一看法。所谓定武本《兰亭序》，据说源自唐代宫中的欧阳询拓本刻石。在唐太宗令人所制的拓摹诸本中，欧阳询拓摹本最佳，故刻石置于宫中。随后的五代乱世中，此石被运出宫外，辗转各地。北宋熙宁年间（1068—1077），薛珦任定武军（今河北省定州市）长官时，因寻求《兰亭序》拓本者日渐增多，便另刻一石。此石所出拓本，称为定武本《兰亭序》。李文田将之与晋代碑刻相比较，认为定武本《兰亭序》是南朝梁陈以后的笔迹。接着，对于《兰亭序》文章本身，李文田也列举出如下诸种疑问：

一、据《世说新语》的梁代刘孝标注，《兰亭序》不叫《兰亭序》，而叫《临河序》。则唐代及之后所谓的《兰亭序》，肯定不是梁代以前的《兰亭序》。

二、《世说新语》记载，有人将《兰亭序》比作《金谷诗序》，王羲之很高兴。然而《金谷诗序》是一篇短文，与刘孝标所引《临河序》相呼应。与之相比，今本《兰亭序》是一篇长文，很多内容不见于《临河序》。这些内容，或许是崇尚晋人老庄思想者在隋唐时代增补的。

三、有人认为刘孝标可能节引了《王右军文集》，但《临河序》的末尾有四十余字反而不见于今本《兰亭序》。即便注释者节引王羲之文集，也不可能新增内容。

参照上文"死生亦大矣"一节所引《兰亭序》文本，将之与《临河序》比较，从开头的"永和九年，岁在癸丑"到"信可乐也"这一部分，基本一致。不过，从"夫人之相与，俯仰一世"开始，至"后之视今，亦犹今之视昔，悲夫！"的一百六十七字内容，完全不见于《临河序》。李文田所谓的后世增补就是这部分内容。此外，《临河序》的结尾与《兰亭序》也有所不同。《兰亭序》结尾原文为四十字，而《临河序》的内容如下：

> ［故列序时人，录其所述。］右将军司马太原孙丞公等二十六人，赋诗如左。前余姚令会稽谢腾等十五人不能赋诗，罚酒各三斗。[1]

郭沫若就是以李文田的观点为基础，进一步展开了《兰亭

1.该句作者仅作训读，故直接引用古文原句。

永和九年歲在癸丑暮春之初會

于會稽山陰之蘭亭脩禊事
也羣賢畢至少長咸集此地
有崇山峻領茂林脩竹又有清流激
湍映帶左右引以為流觴曲水
列坐其次雖無絲竹管弦之
盛一觴一詠亦足以暢敘幽情
是日也天朗氣清惠風和暢仰
觀宇宙之大俯察品類之盛
所以遊目騁懷足以極視聽之

序》伪作说。郭氏认为，问题主要出自《兰亭序》相比《临河序》多出的这部分内容上。兰亭集会上所赋诗歌，尤其是王羲之的诗是乐观的，不见悲观之语。这种情绪，与《临河序》完全一致，与《兰亭序》的悲观基调不相吻合。王羲之被称为性格"骨鲠"[1]，自负为忧国忧民的志士。从"修短随化，终期于尽"（人的生命长短不同，但最终归于尽头）这句来看，王羲之的性格应当不会作出"悲夫""痛哉"等咏叹。《兰亭序》悲观的基调，很可能是以孙绰《兰亭集》后序中"乐与时去，悲亦系之。往复推移，新故相换，今日之迹，明复陈矣"这一段为基础捏造的。关于这一点，郭氏在此后发表的《〈兰亭序〉与老庄思想》（《文物》一九六五年第九期）一文中补充认为，上引孙绰的这段话，源自《金谷诗序》中的"感性命之不永，惧凋落之无期"一句。此外，对于李文田认为《兰亭序》多出的内容反映老庄思想的观点，郭氏也表示反对。他驳斥道，这部分内容既不是老庄思想，又不是儒家思想，而是最为通俗的"贪生怕死"观念。

那么，《兰亭序》是由谁、在何时被伪造的呢？郭沫若认为，梁刘孝标所处的时代，《兰亭序》无疑是不存在的。此外，梁武帝所收藏的王羲之真迹中也没有《兰亭序》。然而，唐修《晋书》中却完整收录了此文。因此郭氏判断，《兰亭序》应是

---

1. 全句为"及长，辩赡，以骨鲠称"，出自《晋书》卷八〇《王羲之传》。

唐人稱蘭亭自劉餗隋唐嘉話始矣嗣此何延之撰蘭亭記

述蕭翼賺蘭亭事如目覩今此記在太平廣記中第鄱意以為

定武石刻未必晉人書以今所見晉碑皆未能有此一種筆意此

南朝梁陳以後之迹也按世說新語企羨篇劉孝標注引王右軍

此文稱曰臨河序今無其題目則唐以後所見之蘭亭非梁以前

蘭亭也可疑一也世說云以右軍蘭亭敘擬石季倫金谷序此

有欣色是序文本疑金谷序也今攷金谷序甚短與世說注所

引臨河序備幅相應而定武本自夫人之相與以下多無數字此

必隋唐閒人知晉人喜述老莊而妄增之不知其與金谷序不相

合也可疑二也即謂世說注所引或經刪節原不能比照右軍文集

之詳與錄其兩述之下世說注多四十二字注家有刪節右軍文

集之理無增添右軍文集之理此又其與右軍全集不相應之一

確證也可疑三也有此三疑則梁以前之蘭亭與唐以後之蘭亭

文需難信何有於字且古稱右軍善書曰龍跳天門虎臥鳳

閣曰銀鈎鐵畫故世無右軍之書則已茍或有之必其與爨

寶子襲龍顏相近而後可以東晉前書與漢魏隸書相似與

時代為之不得作梁陳以後之體也然則定武雖佳蓋必與

昭陵諸碑伯仲而已隋唐閒之佳書不必右軍筆也往讀

汪容甫先生述學有此帖跋語今始見此帖亦足以驚心動

魄於予駭之以助學之論惜諸君不見我也光緒己丑浙江

誠竣北還過揚州為午橋公祖同年跋此順德李文田

在梁代至唐初这段时间伪造的。何延之《兰亭记》、刘餗《隋唐嘉话》中应当都包含了伪造《兰亭序》的部分事实。在这两本书中，智永均有登场。而这个智永，正是伪造《兰亭序》的关键人物，非常引人注目。他在精细模仿王羲之书法的同时，也极力模仿王羲之的文章。"修短随化，终期于尽"一句话是禅师的口吻，与智永所生活的陈代很相应。郭氏因此断定，《兰亭序》的文章、字迹都是智永的伪作，并推测故宫博物院所藏神龙本《兰亭序》乃是智永真迹。最后，郭沫若基于文献记载，明确了王羲之真迹的特点。王羲之的笔迹被评为"雄强"，这一点与王羲之"骨鲠"的性格也是一致的。然而所谓的《兰亭序》却完全看不到"雄强"的味道。据唐代之前及唐初的书法论著，王羲之是隶书、章草的名家。章草是由汉代盛行的隶书变化而来，与隶书的笔意风格，相距并不遥远。

《兰亭序》似非伪作

以上就是《兰亭序》伪作说的梗概。或许正如郭沫若所言，《兰亭序》的字迹不是王羲之的。如果我们相信何延之《兰亭记》的说法，则《兰亭序》的真迹随着唐太宗的驾崩就已经消失于人世间。今天所流传的各式各样的《兰亭序》都只是摹本，或仅仅是摹本的摹本。就摹本而言，临摹者的风格、喜好，乃至于摹本所处时代的风格混入摹本之中，都是难免之事。这也就是所谓的"各有其法"。不过，郭沫若认为《兰亭序》文章本身都是后世伪造的。这一观点是否具有充分的说服力呢？下面，我们就此问题稍加讨论。

如果《兰亭序》是王羲之子孙后代秘不外示的藏品，那么别说刘孝标了，昭明太子也好，甚至是梁武帝，都无法看到实物。这样的话，刘孝标引用的《临河序》出自何处？有种说法是来自当时还存在、但今已散佚的九卷本《晋金紫光禄大夫王羲之集》。据推测，刘孝标可能是参考了这部文集，或是参考了将王羲之序、孙绰后序以及诸人诗歌合为一册的《兰亭集》。作为文学作品而非即兴书法创作被收入《文集》或是《兰亭集》中的《兰亭序》应是完整版本，故而在"右将军司马太原孙承公"之后多出四十余字，也不是全无理由。

再来看被认为是后世所增的一百六十七字内容。李文田也好，郭沫若也好，都承认注释者节引原文属于通例。此外，世人将《兰亭序》比作《金谷诗序》，可能不是关注两者的篇幅，而是关注文章的内容。如此说来，《金谷诗序》中"感性命之不永，惧凋落之无期"这句话并非如郭沫若所认为的那样是《兰亭序》后世伪作的基础。恰恰相反，王羲之正是以此句为基调，展开《兰亭序》的写作，故而时人将《兰亭序》比作《金谷诗序》。这一说法应当可以成立。郭沫若还认为，《兰亭序》的悲观情绪与《兰亭集》中诗歌的乐观情绪格格不入，与王羲之的性格也不相符。王羲之的四言诗，的确始终在歌咏春天的愉悦之情。然而，他的五言诗是否完全是乐观的情绪？"大矣造化功"这一句，或许就表达了一种与不安定的人间稍加对比而咏叹的情绪。关于王羲之五言诗的见解，笔者在下文会叙及。此外，王羲之"忧国忧民"的心情或许深深植根于其不安的意识。在下文的字里行间中，读者就可以感受到这一观点。总之，我的结论是所谓的后世增补《兰亭序》的内容与王羲之整体的思想背景并无违和感。崇尚"有"、关注"生"的《兰亭序》，恐怕也并不能视为否定有无对立，迷惑于生离死别的"禅师"口吻。

趣舍萬殊靜躁不同當其

欣於所遇暫得於己快然自足不

知老之將至及其所之既惓情

隨事遷感慨係之矣向之所

欣俛仰之間以為陳迹猶不

能不以之興懷況脩短隨化終

期於盡古人云死生亦大矣豈

不痛哉每攬昔人興感之由

若合一契未嘗不臨文嗟悼不

能喻之於懷固知一死生為虛

誕齊彭殤為妄作後之視今

亦猶今之視昔悲夫故列

敘時人錄其所述雖世殊事

異所以興懷其致一也後之攬

者亦將有感於斯文

11 王羲之：《兰亭序》神龙本

永和九年歲在癸丑暮春之初會
于會稽山陰之蘭亭脩禊事
也群賢畢至少長咸集此地
有峻領茂林脩竹又有清流激
湍暎帶左右引以為流觴曲水
列坐其次雖無絲竹管弦之
盛一觴一詠亦足以暢敘幽情
是日也天朗氣清惠風和暢仰
觀宇宙之大俯察品類之盛
所以遊目騁懷足以極視聽之
娛信可樂也夫人之相與俯仰
一世或取諸懷抱悟言一室之內

会稽内史

在让人心情不由振奋的暮春三月，置身于美丽异常的自然中，王羲之的心绪为何会从欢乐瞬间转为悲伤并满怀不安？不可否认的是，生来体弱多病，以及由此带来的易于伤感是一个原因。阅读了他不时写给别人的书信，我们惊讶地发现，王羲之被无数病魔缠住了：

【古文原句】

仆脚中（肿）不堪，沉阴重痛不可言。[1]

吾骱骼拘痛，俯仰欲不得。[2]

吾肿，得此霖雨转剧，忧深。[3]

吾顷胸中恶，不欲食，积日匆匆。五六日来小差，尚甚虚劣，且风大动，举体急痛，何耶？[4]

吾齲痛。[5]

【现代语译】

我脚上的湿气颇严重，麻痹到无以言表。

腰骨咯吱咯吱地剧痛，无法起卧。

近日不停下雨，我的肿病因此而恶化了。

胸中恶心，食欲不振，好几天都恍恍惚惚。最近五六日感觉稍好一些，但也没完全康复。再加上又发病了，全身剧痛，该如何是好呢？

---

1. 王羲之：《旦反帖》，入刻《淳化阁帖》。
2. 王羲之：《杂帖》，见张彦远：《法书要录》卷一〇《右军书记》。
3. 王羲之：《杂帖》，见张彦远：《法书要录》卷一〇《右军书记》。
4. 王羲之：《五日帖》，又名《十月五日帖》，入刻《二王帖》。
5. 王羲之：《迁转帖》，又名《贤姊帖》，入刻《大观太清楼帖》。

我牙疼。

如此这般，不胜枚举。王羲之五体中的任何一处都不舒服。[1] 不过，令王羲之在愉悦之中感受到不安的，却不仅仅是多病的身体。王羲之所生活的时代，是一个人们艰难生存的时代。新物转为陈迹、生命转为死亡，不仅仅是自然之理，在王羲之的身边，还充满着引发这类变化的各种人为因素。再加上王羲之是会稽的最高长官，这种严峻的情况应该更令他倍感压力沉重。

永和七年（351），时任护军将军的王羲之被新任命为右军将军、会稽内史。对于被都城中的日夜政争痛苦折磨的王羲之而言，这一任命令他感到轻松愉悦。然而，对于未来的不安之情也随之而来。所谓右军将军，本来是构成禁军的七军之一——右军的指挥官。不过在当时，禁军只剩下骁骑军与左军，其他五军有名无实，右军将军仅仅是个虚职。另一方面，内史是王国中负责民政的长官。当时，被封为会稽王的是晋元帝末子司马昱。不过，虽有封建之名，但内史与普通的郡长官太守并无二致。以内史治所所在的山阴县为首，另包括上虞、余姚、句章、鄞、鄮、始宁、剡、永兴、诸暨，统辖共计十县的会稽郡，历来被认为是"难治之区"，意为地方行政困难的地域。曾有一位年轻有为的官员，刚刚上任余姚县令，便着手清理国家赋税体系之外的豪强依附民，即所谓的"客"。八十日间，余姚县成功清理出一万余名客，将之录入国家的赋税账

1.五体，泛指身体各处，有头、两手、两足；筋、脉、肉、骨、皮；头、颈、胸、手、足等多种说法。

目中，大获成功。然而，上司最终迫于压力，罢免了余姚县令。[1]
这一事件，王羲之当记忆犹新。而在该县令被罢免背后，不消
说，其中既有豪族们的请愿施压，又有贿赂横行之事。担任会
稽内史一职，王羲之不得不十分小心谨慎。

【古文原句】

　　笃不喜见客，笃不堪烦事，此自死不可化，而人理所
重如此。都郡江东所聚，自非复弱干所堪，足下未知之耳。[2]

【现代语译】

　　我懒于会客，不堪忍受麻烦事的性格，至死都不愿改
正。人的生命也正因此而可贵。会稽乃浙东地区一中心，像
我这样没有能力的人实在无法胜任。只是此前您不知道这
个情况。

　　王羲之强烈希望就任更为清闲的宣城太守，但未能如愿，
于是前往会稽任职。

【古文原句】

　　时寻复逼，或谓不可以不应命，遂不获己。处世之道
尽矣！[3]

　　羲之死罪。复蒙殊遇，求之本心，公私愧叹。去月
十一日发都，违远朝廷，亲旧乖离，情悬兼至，良不可言。

1.这里所说乃东晋山遐在余姚令任上打击豪强之事，见《晋书》卷四三
《山遐传》。
2.王羲之：《杂帖》，见张彦远：《法书要录》卷一〇《右军书记》。
3.王羲之：《杂帖》，见张彦远：《法书要录》卷一〇《右军书记》。

且转远非徒无谘观之由，音问转复难通，情慨深矣! 故旨遣承问，还愿具告。羲之死罪。[1]

【现代语译】

在朝廷的不断要求下，虽然知道不应该答应，但最终还是不得已接受了任命。作为官员，我已经非常走运了。

羲之死罪。再次承蒙您给予特殊关照，扪心自问，无论于公于私，都感到既惭愧又高兴，不知道该说什么好。上个月十一日离开都城，远离了朝廷，离别了亲戚知己，无比感怀之情充溢胸中。距离渐远，不仅无缘与君相逢，亦难通音信，更令人感慨至深! 故而遣人来询问消息，还请您有所回复。羲之死罪。

如上所见，王羲之在赴任的路上也认为被授予会稽内史是一种殊遇。

不过，在王羲之到任会稽后，随即为当地难以想象、濒临崩溃的恶劣民生状况所困扰。其具体情况，王羲之报告道：

【古文原句】

知郡荒。吾前东，周旋五千里，所在皆耳，可叹! 江东自有大顿势，不知何方以救其弊。[2]

此郡之弊，不谓顿至于此。诸逋滞非复一条。独坐不知何以为治。自非常才所济。[3]

1.王羲之：《杂帖》，见张彦远：《法书要录》卷一○《右军书记》。
2.王羲之：《杂帖》，见张彦远：《法书要录》卷一○《右军书记》。
3.王羲之：《此郡帖》，入刻《淳化阁帖》。

【现代语译】

郡内行政荒废，我已知晓。此前我曾前往东方，周游五千里，各地的情况都差不多，忍不住让人感慨。浙东这里的情况也非常严重。不知道究竟有什么办法能够解决这里的疲敝。

本郡的疲敝状态严重至此，令人想象不到。未缴赋税、迟缴赋税的情况不止一起。究竟该从哪里入手解决问题呢？虽然端坐考量，但对我这个才能平凡之人而言，实在无能为力。

穷苦困乏农民的流亡到处发生：

【古文原句】

行当是防民流逸……纵民所之，恐有如向者流散之患，可无善详具闻。[1]

【现代语译】

必须要防止民众流亡……如果放纵民众流移，可能就会招致以前那样的事态。如果存在民众流亡逃散的风险，请将详细且具体的情况报告给我。

这可能是王羲之向下属诸县令发出的紧急命令。所谓"向者"，恐怕是指流民暴动引发的地方叛乱。王羲之向下发出的指令还有如下：

1.王羲之：《杂帖》，见张彦远：《法书要录》卷一〇《右军书记》。

广陵

句容 晋陵
建康 （京口）

历阳

茅山

淮南
（姑孰）

义兴 太 吴

湖

宣城 扬

子

江

吴兴

余杭

临安 永兴 余姚

江 上虞

塘 会稽 句章 鄞

新安 钱 诸暨 始宁 鄞

剡

天台山

东阳 临安

● 郡治
○ 县治

永嘉

示意图2　东晋中期会稽及其周边

【古文原句】

贼以还，不知遇官军云何？可深忧之！欲依上虞，初到别上。今敕听之。县事不问，直不相连耳。[1]

近所示，欲依上虞别上申一期寻案，台报不听上。当戮力于事，不可但复解散。君县乃是今胜县，而复以为难耶？[2]

【现代语译】

盗贼已经退散，官军遭遇盗贼时的情况如何？我十分担心。打算等上虞县的报告到达后，再别件上奏。目前已获得敕许。诸县之事形形色色，完全没法归拢到一起。

前几天的指示，因为打算等上虞县的报告到达后，再别件上奏，故推迟了一期。据朝廷下发的报告，事情无需上奏。我等必须团结一致，退散盗贼等事不值一提。你所管的县是当今大县，又怎能抱怨困难呢？

王羲之督责县令，而该县令似乎因县内有"贼"而被追责，并准备接受劝告辞职。王羲之对此感到义愤填膺，又再次调解此事：

【古文原句】

知足下以界内有此事，便欲去县，岂有此理？此县弊久，因足下始有次第耳。必无此理，便当息意。今敕诸处，事及县者省驰书于台中，论必释然。故遣旨信示意。[3]

1. 王羲之：《杂帖》，见张彦远：《法书要录》卷一〇《右军书记》。
2. 王羲之：《杂帖》，见张彦远：《法书要录》卷一〇《右军书记》。
3. 王羲之：《杂帖》，见张彦远：《法书要录》卷一〇《右军书记》。

王羲之：六朝贵族的世界

【现代语译】

我知道你想要辞职是因为县内发生了此事，但哪有这样的道理呢？你所管的县疲敝，并非刚发生的情况。多亏了你的操持，县内秩序才开始恢复。请你放心，上面绝无此事。[1]目前敕令已下达各处，令你赶紧报告县里相关事件情况。只要进行说明，一定就没问题了。因此我给你写这封信，向你说明我的想法。

从"此县弊久"可见，会稽郡的民生疲敝已然非常严重。面临如此困难的局面，县令、太守个人的善意态度已无济于事。那么，究竟该从何处入手？王羲之不忍民众窘迫，向他们提供官仓的储备粮。此外，他还曾筹划禁酒令，预计一年可节约稻米数百万斛，比应征收的租税额还要多。因监督部门没有批准，这一方案未能实施。不过，就算这一计划付诸实行，效果如何也未可知。

梁代陶弘景（456—536）认为，王羲之的书法，以任职会稽内史期间的作品为最佳。当时，王羲之被紧迫的氛围环绕，他的心弦紧绷。这种心绪也必然反映在其书法作品上，叩击着鉴赏者的心弦。会稽内史就是如此艰巨的职位。

---

1. 指劝告该县令辞职一事。

《丧乱帖》

纷乱至极的华北

太湖周边的吴郡一带与钱塘江南部的会稽地区，被称为吴会或三吴，两者组成了连为一片的丰饶平原地带。这片区域是东晋政权疆域内人口密度最高、农业生产最为发达之地，或者说，是东晋政权的心脏地带。它已完全不是秦汉时期的边地。吴会平原与位于其西北端的都城建康，依托水道直接相连，大量的物资、人员由此被都城吸纳。如果战端一开，这种掠夺更甚。王羲之曾这样直白地写道：

【古文原句】

运民不可得。而要当得。甚虑叛散，顷为此足劳人意。[1]

【现代语译】

运送粮草的人员无法召集。即便如此，还要强行征召。我很担心他们会逃亡，为了此事疲惫不堪。

此外，在王羲之给尚书仆射谢尚的上书中，对这一状况还有更为详细、切实的描述：

【古文原句】

自军兴以来，征役及充运死亡叛散不反者众。虚耗至此，而补代循常，所在凋困，莫知所出。上命所差，上道多叛，则吏及叛者席卷同去。又有常制，辄令其家及同伍课

---

1. 王羲之：《运民帖》，入刻《淳化阁帖》。

捕，课捕不擒，家及同伍寻复亡叛。百姓流亡，户口日减，其源在此。[1]

【现代语译】

自发布非常时期动员令以来，由于兵役、粮秣运输的征发，死亡、逃亡不返者数量很多。尽管民力之疲敝已如此严重，对死亡、逃亡者空缺的替代补充却依然按照惯例实行，各地也因此极度虚弱，毫无办法。因官府命令而征发的民众，多数在路途中逃亡，乃至于监队小吏因害怕遭受惩罚也与逃亡者一同慌张遁走。此外根据国家规定，官府会命令其家人、邻居抓捕逃亡者[2]，而这些负有抓捕义务的家人、邻居若找不到逃亡者，则也会相继逃亡。民众流亡、人口日渐减少的原因正在于此。

会稽地方的非常时期总动员令，是永和八年（352）正月扬州刺史殷浩踏上北伐征途时发布的。

晋王朝逃往江南后，华北之地成为以匈奴、鲜卑、氐、羌、羯等为代表的非汉族群兴衰往复的舞台。最初兴起的是将晋王朝从华北驱逐到江南的匈奴。匈奴所建立的前赵刘氏政权，为羯族所建立的后赵石氏政权所灭。以邺城（今河北省临漳县西南）为都城的后赵政权，于石虎在位时期国力剧增，除了东北方占据辽西至河北北部的鲜卑慕容部、北方占据山西省北部的鲜卑拓跋部、西方占据今甘肃省的张氏政权以外，几乎统一了整个华北，给东晋王朝带来了巨大威胁。不过，政治实

1.《晋书》卷八〇《王羲之传》。
2. 东晋政权使用连坐法对民众进行控制管理，五家相邻者为一"伍"，一家犯法，则五家受到牵连，即本段原文所谓的"同伍"制。

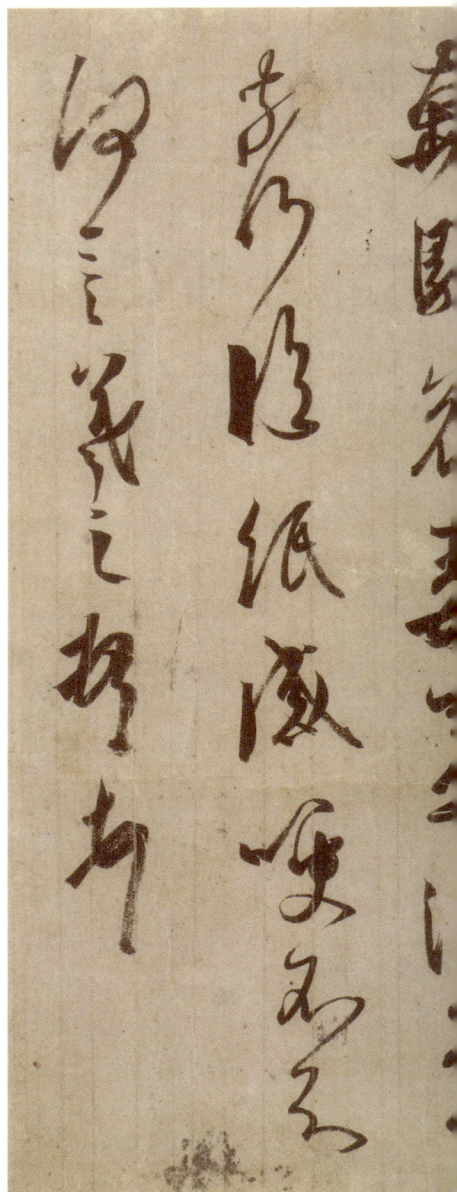

羲之頓首喪亂之極

先墓再離荼毒追

惟酷甚號慕摧絕

痛貫心肝痛當奈

何奈何雖即脩復未獲

力强大的石虎于公元三四九年去世。后赵国内随即围绕着帝位继承展开了频繁的暗斗。最终，公元三五〇年，因出众的武勇而受到石虎青睐、被其收为养孙的汉人冉闵即位称帝，改国号为魏。新政权诞生之初，冉闵大规模屠杀胡人，进一步加剧了华北的混乱。冉闵下令，斩首胡人可获位阶，于是邺城周边有二十余万的胡人被杀，尸体的腐臭扑鼻而来，野狗、豺狼群集。很多高鼻梁、胡须浓厚的汉人也被错认为胡人而被杀害。西晋灭亡后，汉人在非汉族群的统治下屈辱生活。对胡人的屠杀，大大激发了汉人的民族情绪。而已定居华北的数百万胡人，则陷入了极大恐慌，再次向原居住地迁徙，也由此带来了前所未有的混乱。当时的华北地区饥荒频发、瘟疫流行，人相食的炼狱再次出现。

不服从冉闵统治的石氏旧将们在各地展开了顽强抵抗。其中，氐族、羌族的部落首领苻洪，以及苻洪之子苻健在关中稳步建立起势力。皇始二年（352）正月，苻健以长安为都城建国，号前秦。而在东方，鲜卑慕容部的势力迅速扩张。冉闵在与慕容部的战争中失利。前秦建立同年的十一月，慕容儁即位于中山（今河北省定州市），建立前燕。殷浩的北伐，正是希望抓住后赵政权已崩溃，而前燕、前秦东西两势力尚未确立，华北地区陷入前文所述的混乱状况的时机，乘势展开。

江南囚徒

对于生活于东晋政权下的人而言，非汉族群治下的华北是令人怀念的故土。那是自古以来的王都，是文明的中心，是所有汉人的精神家园。不仅如此，汉人先祖的坟墓也在华北。从华北逃往江南的汉人不计其数，那些为恐怖的胡族所驱赶、不顾一切逃往江南的记忆，宛如噩梦一般，大概从未从他们的脑海中消失。而先祖所葬的华北只能任其荒废。目前作为日本皇室藏品的《丧乱帖》，被认为是精妙模仿王羲之真迹笔意的优秀摹本，奈良时代由唐朝传入日本。此帖以"羲之顿首"开头，随后写道：

【古文原句】

丧乱之极，先墓再离荼毒。[1]

【现代语译】

丧乱到了极点，先祖的坟墓又一次无法避免荼毒。

因此，夺回华北是东晋人无论如何也要实现的悲壮誓愿，正如为了夺回圣地巴勒斯坦的十字军运动一般。

【古文原句】

"风景不殊，正自有山河之异！"

"当共戮力王室，克复神州。何至作楚囚相对泣邪？"[2]

【现代语译】

"吹拂之风、日光照射皆无变化，而山河姿态却处处不同。"

"我辈正当一同为王室尽力，夺还中原。怎能够作为江南囚徒，恬不知耻地苟且活命？"

---

1. 王羲之：《丧乱帖》，现藏日本宫内厅。
2.《世说新语》上卷上《言语第二》。

做出如此尖锐斥责的，正是东晋草创期的丞相、王羲之一族的领袖王导。

在殷浩北伐之前，掌握长江中游军政、民政权力的庾亮，以及庾亮之后秉政的庾翼，均策划过北伐。尤其是庾翼，为了北伐将治所从武昌（今湖北省鄂州市）迁至紧邻国境的襄阳（今湖北省襄阳市）以壮声势，但最终以计划失败而告终。殷浩上任前不久的永和五年（349），石虎的丧报传来，收复北土的舆论骤然高涨，王羲之的堂弟王胡之也被任命为西中郎将、司州刺史，担任北伐军的指挥官，然而不幸因病去世。王羲之曾去信王胡之曰：

【古文原句】
司州供给寥落，去无期也。不果者，公私之望无理。或复是福。[1]

【现代语译】
司州物资匮乏，去此处无甚可期。如果北伐未能成功，公私舆论都会大失所望。不过，这或许是件幸事。

如王羲之所担心的那样，王胡之的北伐无疾而终。但就结果来看，正如王羲之所料，这未必不是一件幸事。之所以这么说，是因为此后不久，桓温由安陆（今湖北省云梦县）、晋穆帝的外祖父褚裒由彭城（今江苏省徐州市）出征，惨遭失败。东晋王朝建立以来的北伐夙愿频频受挫。因此，殷浩不因过往挫折而气馁，锐意北伐，诚为壮举。然而，众人皆认为，殷浩的

1.王羲之：《司州帖》，入刻《淳化阁帖》。

王羲之：六朝贵族的世界

此次北伐绝不会一帆风顺。

殷浩登场

永和二年（346），殷浩被起用建武将军、扬州刺史，统辖建康、吴会平原全域在内的扬州，以对抗此前就已控制长江中游的军阀——荆州刺史桓温。正是这个桓温，让东晋朝廷内部颇为恐惧。

桓温的胡须如刺猬般展开，眉毛如紫石棱般锐利，容貌自不必说。他沉着的胆略令众人十分信服，手下也不乏忠勤之士。桓温十五岁时，担任地方官的父亲为叛军所杀。他隐忍三年，恰逢杀父仇人去世。桓温参加葬礼，将其长子杀死。其余两个儿子见状逃跑，也被他从背后杀死。不过，桓温绝非无赖之徒，亦非蛮横公子。其学问与教养不逊于他人，作为清谈名士也声誉不凡。再加上桓温迎娶了东晋第二代皇帝明帝之女，是当时天子晋穆帝的姑父，门第上也无可挑剔。但归根到底，桓温之所以对东晋政权有绝大影响，是因为他担任了西部要地荆州刺史一职，总领军政、民政。由于桓温在荆州当地锐意培植亲信势力，建康朝堂上的政要们，如未满十岁的穆帝的佐命大臣会稽王司马昱等，逐渐开始忌惮桓温。起初，在朝廷决定起用桓温为荆州刺史时，就有一些人表达了忧惧：

【古文原句】

使伊去，必能克定西楚。然恐不可复制。[1]

1.《世说新语》中卷上《识鉴第七》。

【现代语译】

如果让他去，一定能够平定西部。但恐怕接下来就难以抑制此人了。

而现在，这一忧惧已成为现实。

为了保住建康朝廷，贵族们搜求能够与桓温抗衡的人物，却无奈人才匮乏。在这匮乏的人才中，最终好不容易被贵族们相中的就是殷浩。殷浩与桓温自幼相识，两人皆为清谈界所赞誉，名声不相伯仲。不过，殷浩的名声也仅限于清谈名手，挥洒于清谈中的观察、分析与推理才能，究竟能否转化为突破困难政局的政治力量，完全是未知数。出任扬州刺史前，殷浩曾短暂出仕过一段时间，此后便再三推辞征辟，隐居于墓地中，很是奇怪。东晋王朝的兴亡系于殷浩一身，朝廷高官对他寄予极大期望。然而，这种期望除了源于殷浩变化莫测的魅力，却并没有什么切实依据。永和二年（346）三月，接到扬州刺史的任命后，殷浩犹豫不决了四个月之久，最终决定出山。

说起来，王羲之很早就与殷浩有交往，还曾经一度作为同僚出仕于庾亮的幕府。对于王羲之的为人，殷浩的评价很高：

【古文原句】

逸少清贵人，吾于之甚至。一时无所后。[1]

【现代语译】

逸少的品行纯净高贵，我对他抱有最大的敬意。就此点而言，当世无人能比。

1.《世说新语》中卷下《赏誉第八》。

在殷浩就任扬州刺史之际，时任江州刺史的王羲之辞官，随即转任护军将军（职位类似陆军总司令），意气风发地伫立朝堂。这同样也是出自殷浩的要求：

【古文原句】

悠悠者以足下出处足观政之隆替，如吾等亦谓为然。至如足下出处，正与隆替对，岂可以一世之存亡，必从足下从容之适？幸徐求众心。[1]

【现代语译】

世间众人皆以您的进退来判断政治之兴废，我等也是这么想的。您的进退既与政治兴废相呼应，又哪能将一世的存亡作为您任性之情的牺牲品呢？敬请您一定详察众人之意。

一直担任地方官自然是轻松无比，但既然殷浩把话都说到了这份上，王羲之也不得不对这份友情进行回应：

【古文原句】

吾素自无廊庙志。直王丞相时，果欲内吾，誓不许之，手迹犹存，由来尚矣，不于足下参政而方进退。自儿娶女嫁，便怀尚子平之志，数与亲知言之，非一日也。若蒙驱使，关陇、巴蜀皆所不辞。吾虽无专对之能，直谨守时命，宣国家威德，固当不同于凡使。必令远近咸知朝廷留心于无外，此所益殊不同居护军也。汉末使太傅马日磾慰抚关

1.《晋书》卷八〇《王羲之传》。

东。若不以吾轻微，无所为疑，宜及初冬以行。吾惟恭以待命。[1]

【现代语译】

我向来没有列于庙堂的意愿。当年王导大人担任丞相时，一定要我入朝为官，我坚决地推辞了。当时我表达拒绝的书信现在还留着。对于仕途进退，我的态度自很久以前就是如此，并非您进入官界后才这样。自从儿子、女儿结婚后，我就一心怀有尚子平安度晚年时的志向[2]，多次与亲戚、相知之人提及此事。这个想法绝不是今天才有的。如果国家愿意起用我，前往关陇也好、前往巴蜀也好，我都在所不辞。我虽然没有独自展开外交的手腕，但至少可以守护时代的命运，宣示国家的威德，肯定不会做一个平庸的使节。我必定会让远近之人都了解到，哪怕是最边远的地区，国家都会留心经营。我做这些事情为国家所带来的利益，要远远超出就任护军一职。在汉朝末年，就有太傅马日磾作为使节抚慰关中一带的先例。如果您不认为我是微不足道之人，只要您对我没有怀疑，我初冬就想启程出发。谨在此恭候您的命令。

既然置身朝堂，那么护军将军自不待言，哪怕是出使境外，也一定略尽绵薄之力。王羲之就是抱着如此坚定的决心与期待来协助殷浩的。在大约同时写给谢万的书信中，王羲之也

1.《晋书》卷八〇《王羲之传》。
2.尚子平即向子平，名长，字子平，东汉隐士。向子平的子女婚娶后，便不再留意俗世，与好友遨游五岳名山，最终不知所终，列传见于《后汉书》卷八三《逸民列传》。

说到，希望谢万能够了解他绝非"利动之徒"（以利益作为行动导向之人）[1]。总之，一心辅佐友人殷浩的王羲之最终就任护军将军一职。

殷桓之争

最初，当桓温得知朝廷为了对抗自己而起用殷浩时，大为恼怒，乃至于浑身发抖。而冷静下来后，出于对殷浩的了解，桓温完全没有把殷浩当一回事。他曾放言：

【古文原句】

少时与渊源共骑竹马，我弃去，己辄取之。故当出我下。[2]

【现代语译】

昔日与那小子一同骑竹马玩游戏，他总是捡我扔掉的东西玩。从一开始他就不如我。

殷浩任扬州刺史的次年，也就是永和三年（347），桓温对邻接荆州的巴蜀地区展开远征。尽管建康朝廷对此远征置若罔闻，但桓温最终还是征服了已独立四十七年、共计六代皇帝的后蜀政权。征服蜀国的桓温威震江南，其征西大将军，都督荆、司、雍、益、梁、宁、交、广八州诸军事，荆州刺史的头衔，显示出他不仅是荆州一方的民政长官，还掌握了东晋西部、

1. 上下文为："仆虽不敏，不能期之以道义。岂苟且，岂苟且，若复以此进退，直是利动之徒耳！所不忍为，所不以为。"出自王羲之：《杂帖》，见张彦远：《法书要录》卷一〇《右军书记》。
2.《世说新语》中卷下《品藻第九》。

南部的军权。接下来，如果想要众人认可自己的实力，桓温唯有实现江南众人的夙愿——恢复华北故土这一途。

永和五年（349），石虎死亡的消息传来，桓温随即请求建康方面降旨北伐，朝廷却没有任何回应。心情急迫的桓温最终于永和七年（351）十二月自行宣布北伐。不过，为了师出有名，朝廷的旨意终究不可或缺。因此，桓温原本驻扎于治所江陵（今湖北省江陵县）的四五万军队并没有直接向北方进发，而是迅速行至长江沿线的武昌（今湖北省鄂州市），以期对建康朝廷施加压力，寻求旨意。果不其然，建康方面大为骚动。殷浩提出要辞职，又说要以驺虞幡截停桓温的军队。所谓驺虞，是古代仁兽，需要解散军队时，使用印染其图案的幡旗。不过，对这一意外事件，很难说驺虞幡究竟能不能发挥作用。为了解决紧急事态，朝廷高官反复商议。此时，吏部尚书王彪之展现高超的政治手腕，他对会稽王司马昱进言：

【古文原句】

此非保社稷为殿下计，皆自为计耳。若殷浩去职，人情崩骇，天子独坐。既尔，当有任其责者，非殿下而谁！[1]

【现代语译】

殷浩辞职一事，既不是为了拥护朝廷，又没有站在殿下的立场上去考虑，只是为了自己。如果殷浩辞职，则国家舆论崩溃，皇帝受到孤立。到那时候，如果一定要有人来承担罪责的话，除了殿下还能有谁呢？

1.《晋书》卷七六《王彪之传》。

另一方面，王彪之告诉胆怯的殷浩：

【古文原句】

彼抗表问罪，卿为其首。事任如此，猜衅已构。欲作匹夫，岂有全地邪？且当静以待之。令相王与手书，示以款诚，陈以成败，当必旋旆。若不顺命，即遣中诏。如复不奉，乃当以正义相裁。无故匆匆先自猖蹶。[1]

【现代语译】

在建康朝廷中，桓温想要除去的人以你为首。你既已受到朝廷重用，和桓温的关系自然逐渐冷淡。现在想要回到一介匹夫的身份，只能是自寻死路。我希望你能够静观其变。会稽王殿下会亲自写信给桓温，展示我方的诚意，讲述此事的成败，他必定会率军返回。如果桓温不遵守命令，那么朝廷就会下达诏书。如果他视诏书如无物，朝廷就会兴发正义之军。请停止无缘无故就自己手忙脚乱的骚动行为。

殷浩也被此充满勇气的话语激励，坚定了态度：

【古文原句】

决大事正自难。顷日来欲使人闷，闻卿此谋，意始得了。[2]

1.《晋书》卷七六《王彪之传》。
2.《晋书》卷七六《王彪之传》。

【现代语译】

决定大事真的非常困难。此间数日，我烦闷不堪，听了您的这一席话，胸中的积郁一散而空。

会稽王司马昱回复桓温的亲笔信草稿，由其僚属、与王彪之政见一致的高崧执笔撰写：

【古文原句】

寇难宜平，时会宜接。此实为国远图，经略大算。能弘斯会，非足下而谁！但以此兴师动众，要当以资实为本。运转之艰，古人之所难，不可易之于始而不熟虑。顷所以深用惟疑，在乎此耳。然异常之举，众之所骇，游声噂嗒，想足下亦少闻之。苟患失之，无所不至。或能望风振扰，一时崩散。如其不然者，则望实并丧，社稷之事去矣。皆由吾暗弱，德信不著，不能镇静群庶，保固维城，所以内愧于心，外惭良友。吾与足下虽职有内外，安社稷，保家国，其致一也。天下安危，系之明德。先存宁国，而后图其外。使王基克隆，大义弘著，所望于足下。[1]

【现代语译】

胡族应当讨伐，必须寻找时机。这的确是国家以为夙愿的事业。能够成就如此事业者，除了您还能有谁呢！然而要驱动军队，武器、粮草都是问题。输送武器、粮草一事，连古人都感到苦恼，故必须慎重检讨。早些年的时候，朝廷认为北伐困难，原因正在于此。而您此次的异常之举令

1.《晋书》卷七一《高崧传》。

王羲之：六朝贵族的世界

众人感到惊骇，种种议论想必也已经传到了您的耳中。很多人说您担心失去地位，为此什么事儿都能做出来。即便您能够抓住我这里的弱点，一举将朝廷击溃，也不过是一无所得，国家也无法得到任何利益。事情发展成这样，都是由于我为人暗弱、德行不足，令人万分惭愧。我与您虽然一内一外，但保全国家、安定社稷的想法是一样的。天下的安危在于明德之人。国家安宁是第一位的，而后才是其他事务。让国家日益繁荣，使大义得以彰显，是我对您的期望。

面对如此堂堂正论，桓温也无话可说，率军返回了江陵。

然而，此事发生一个月后，即永和八年（352）正月，殷浩奏请北伐，朝廷非常干脆地下旨许可。作为东晋政权夙愿的北伐就这样被作为殷浩、桓温政争的工具，实在出乎人们的意料。殷浩如此明目张胆的做法招致了多数舆论的批评。已由护军将军转为会稽内史的王羲之也从会稽上书，恳求停止北伐。他认为，如果北伐失败，桓温必然崛起，殷浩的地位也就危险了，希望不要做如此心胸狭窄的算计。王羲之多次建议殷浩与桓温和解。他对北伐的劝阻并不是作为"利动之徒"[1]的考量，而是感到殷浩的北伐全无条理。同时他也担忧，如果没有准备万全，北伐就是徒损国力。然而，王羲之的劝告毫无效果，殷浩踏上北伐征途的那一日终究到来了。在朝臣们送别大军时，殷浩为了一显威武，骑马出阵，却结结实实地摔在了地上。这似乎隐隐预示着北伐前景的不顺。

1.王羲之：《杂帖》，见张彦远：《法书要录》卷一〇《右军书记》。上一节已引用，具体信息见注释。

殷浩北伐

此次北伐以晋王朝的旧都洛阳为目标，由驻扎寿春的（今安徽省寿县）的安西将军、豫州刺史谢尚与驻扎京口（今江苏省镇江市）的北中郎将、徐州刺史荀羡两人分别担任方面军的指挥，向许昌进军。然而，由于军队内部发生叛变，北伐的第一步就遇到了阻碍。叛乱的主谋叫张遇，原是后赵君主石虎的部下，后为前秦所俘虏，此后又逃亡、投靠谢尚。尽管军中不乏张遇这样的从华北而来的逃亡降将，但殷浩并没有与之打好关系，甚至也不考虑充分利用他们以熟悉华北的情况。

一度退回寿春的北伐军，重整旗鼓，重新向山桑（今安徽省蒙城县以北）进军。然而由于姚襄的反叛，遭遇惨败。后赵政权崩溃后，羌族部落领袖姚弋仲也逃亡并投降了东晋，姚襄正是姚弋仲之子。尽管姚襄是羌人，不过在姚弋仲死后，他仍受命防守谯城（今河南省夏邑县）。他并非出身夷狄的野蛮武夫，而是才华横溢的英杰。但是，殷浩却对姚襄非常厌恶，不断派出刺客刺杀他。刺客们皆为姚襄的侠气所吸引，放弃刺杀。不久，姚襄接到命令，让他从谯城转移到梁国（今河南省商丘市）驻扎。不用说，这是殷浩在背后的授意。姚襄被授予梁国内史一职，听起来不错，但实际上是被围困于梁国内名为蠡台的山城。而袭击殷浩北伐军的正是姚襄，他掠夺了武器、粮草等大量物资，向他投降的东晋军逃兵也络绎不绝。如此一来，殷浩的北伐完全失败了。

在北伐期间，王羲之不断牵挂着殷浩的境况：

【古文原句】

得孔彭祖十七日具问，为慰。云襄经还蠡，是反善之

示意图3 殷浩北伐关联图

中山

河 黄

邺

洛阳

梁 谯城

许昌

彭城

下邳

山桑

淮 水

寿春

广陵

合肥 历阳

京口

建康

吴

江 子 扬

江陵

武昌

会稽

襄阳

诚也。于殷必得速还。无复道路之忧。比者尚悬悒，得其
去月书，省之悲慨也。[1]

【现代语译】

收到了孔彭祖十七日所写的详细信笺，终于安心了。姚
襄似乎直接返回了蠡台，这是他想要悔改的信号。殷浩一定
迅速返回了吧。对他路途的情况已不再担心。说起来，这
几日一直心中牵挂，收到他上个月的来信，读之悲叹。

孔彭祖是殷浩的幕僚孔岩。不过，尽管王羲之如此担忧殷
浩，但败退回寿春的殷浩却毫不在意，计划再度北伐。王羲之
得知此事后，坐立不安，一心要劝阻殷浩，于是写了一封长信
给他。

劝谏殷浩

王羲之劝谏殷浩的长信如下：

【古文原句】

知安西败丧，公私愞怛，不能须臾去怀。以区区江左，
所营综如此，天下寒心，固以久矣，而加之败丧，此可熟
念。往事岂复可追。顾思弘将来，令天下寄命有所。自隆中
兴之业，政以道胜宽和为本，力争武功，作非所当，因循
所长，以固大业，想识其由来也。自寇乱以来，处内外之
任者，未有深谋远虑，括囊至计，而疲竭根本，各从所志，
竟无一功可论，一事可记。忠言嘉谋弃而莫用，遂令天下

---

1. 王羲之：《杂帖》，见张彦远：《法书要录》卷一〇《右军书记》。

将有土崩之势。何能不痛心悲慨也！任其事者，岂得辞四海之责？追咎往事，亦何所复及。宜更虚己求贤，当与有识共之，不可复令忠允之言常屈于当权。

今军破于外，资竭于内。保淮之志非复所及。莫过还保长江，都督将各复旧镇，自长江以外，羁縻而已。任国钧者，引咎责躬，深自贬降以谢百姓。更与朝贤思布平政，除其烦苛，省其赋役，与百姓更始。庶可以允塞群望，救倒悬之急。使君起于布衣，任天下之重，尚德之举，未能事事允称。当董统之任，而败丧至此。恐阖朝群贤，未有与人分其谤者。今亟修德补阙，广延群贤，与之分任，尚未知获济所期。若犹以前事为未工，故复求之于分外，宇宙虽广，自容何所？知言不必用。或取怨执政。然当情慨所在，正自不能不尽怀极言。若必亲征，未达此旨，果行者，愚智所不解也。愿复与众共之。

复被州符，增运千石，征役兼至，皆以军期，对之丧气，罔知所厝。自顷年割剥遗黎，刑徒竟路，殆同秦政。惟未加参夷之刑耳。恐胜广之忧，无复日矣。[1]

【现代语译】

得知安西将军谢尚战败，公、私皆为之痛心，片刻都无法忘怀。以地盘促狭的江南经营如此大的事业，天下人早就感到不安，再加上这次战败，对此事一定要慎重考虑。已经发生的事情且就这样吧。还请您一定要多多地展望将来，让天下之民能够喘口气。正如您所熟知，东晋建国以来，向来以德化、宽容为国家的大政方针，避免以武力相

1.《晋书》卷八〇《王羲之传》。

争，依靠这些长处成就大业。自从胡族作乱，任职国家内外者，既没有深谋远虑，也没有宏观计划，消耗国家的根本，只是各行其是，最终既没有任何可论的功绩，也没有任何值得记录的事业。无论是忠言还是良策，一律弃用，天下局势也即将土崩瓦解。真让人感慨悲痛！导致这一事态的责任者，又岂能避免天下人的非难？过去之事说的再多，也无法再重来一遍。从今往后，应当谦虚地追求贤才，与有见识的人通力合作，如此这般，才能够让正确的意见屈从于权力之事不再发生。

现今外有军队败绩，内有财政窘迫。维持淮河的防线已变得艰难。不如将防线退回长江边，各军团长返回军镇，长江以外的国土仅以羁縻治之。国政的第一负责人，应当引咎担责，降低职位，向民众谢罪。同时，当与政要们一同力行公平之政，废除繁杂苛刻的法律，减轻赋税徭役，与民众一道重新出发。如果这样做的话，或许可以抑制不平不满之情，度过危机。您以一介平民的身份担任天下的重任，不过在尊重有德者这一点上，尚未令人们完全信服。您既担任了统帅一职，此次却战败了。恐怕朝臣之中，没有谁能够与您一同分担批评非难。哪怕现今尽快地修养德行、弥补缺点、广求贤才以分担任务，可能都无法达成预期成果。更何况当前的北伐尚未成功，如果再寻求额外的功绩，就算宇宙广阔，但哪里又有您的容身之所？我知道您未必会采纳我的意见。我的想法也可能会引起当权者的怨恨。尽管如此，但毕竟情绪所至，故不得不将心中所想和盘托出。如果您一定要开展北伐，而不明了我所说的道理，则无论愚者、智者都无法对强行北伐表示理解。请您不要忽视众人的意见。

扬州刺史府再次下达了增运千石粮食的命令，赋税徭役也同时催缴，两者均期限严苛，我这处于士气减退、束手无策的状态。近年来，对民众的压榨加重，刑徒布满道路，几与秦始皇时代的苛政相当。只不过现在没有株连三族的刑罚而已。如陈胜、吴广那样反抗无道秦政的叛乱，恐怕就在眼前。

　　北伐开始后，催促运输粮草的命令文书如箭一般下达，会稽的疲敝正以显著的速度不断加深。王羲之有所觉悟，开始对于建康朝廷的这种做法表示反抗。正如《世说新语》记载的当时"月旦评"所言，王羲之是个有"骨气"的人物。[1]以下是王羲之的一封书信，收信人不详：

【古文原句】

　　增运白米，来者云必行，此无所复云。吾于时地甚疏卑，致言诚不易。然太老子以在大臣之末，要为居时任，岂可坐视危难？今便极言于相，并与殷、谢书，皆封示卿，勿广宣之。诸人皆谓尽当今事宜，直恐不能行耳。足下亦不可思致苦言耶？人之至诚，故当有所面。不尔，坐视死亡耳。[2]

【现代语译】

　　增加运输米谷一事，到达本地的使者说必须要实行，

1.《世说新语》中卷下《品藻第九》载："时人道阮思旷：骨气不及右军，简秀不如真长，韶润不如仲祖，思致不如渊源，而兼有诸人之美。"文中的"右军"即王羲之。
2. 王羲之：《杂帖》，见张彦远：《法书要录》卷一〇《右军书记》。

此外什么都没说。我现在地位甚低，就更难提出异议了。不过，老朽既然忝列高官末席，就依然要对政局有所措意，怎可对危难置之不理？我会立即直白地向会稽王上书，并去信殷浩、谢尚。这几封书信内容都一并附上，供您过目，但请勿广而告之。诸公虽然都说要尽全力解决当前问题，然而我却一个劲儿地害怕事情不能成功。对于我的这番话，希望您能够仔细考虑，加以接纳。人有至诚之心，必定有所回报。不然的话，只是坐视死亡而已。

然而，王羲之的反抗毫无用处。无法返乡的运输车队络绎不绝地前往北方。王羲之在给会稽王司马昱的上书中指出，再这样下去，思乱者十之八九，与秦始皇的暴政几无二致。此外，他建议殷浩布阵合肥（今安徽省合肥市）、荀羡布阵广陵（今江苏省扬州市），并将驻扎在许昌、谯城、梁、彭城的诸军撤退收缩到淮水沿线，等重整形势之后，再计划北伐也不迟。

咄咄怪事

北伐不仅仅是王羲之，也是当时许多人最为关心之事。围绕着是否北伐，朝野议论纷纷，反对派逐渐占据了上风。一直冷眼旁观事态发展的桓温自然不会放过这个机会。随着殷浩北

伐失利，桓温立即向建康朝廷上书。在上书中，桓温列举了殷浩的种种罪状：如殷浩本人并无夺回华北、洗刷国家耻辱的决心，军队停驻寿春白白消耗国力，此外还包括殷浩专心于培植自己的势力等。上书的最后，桓温要求对殷浩处以刑罚，如果殷浩不接受刑罚，也应将他流放至边地。建康朝廷内部批判殷浩的声音也不断高涨。因此，建康方面最后不得不满足桓温的要求。殷浩被免去一切官职、爵位，并被勒令宅居东阳郡信安县（今浙江省衢州市）。时为永和十年（354），也就是兰亭会的次年。可以说，正是以该事件为契机，桓温做大，东晋政局开始为其所左右。如上所见，兰亭集会时，与会诸人感受到的是自然的清新澄明，而当时的内外政情则与之相反，乌云密布。

据说，在信安无聊生活的殷浩日复一日地对着天空，用手描画着"咄咄怪事"[1]四个字，意为"见鬼、见鬼，真乃不可理解之事"。关于殷浩，还有一个颇为残酷的故事：被流放数年后，对殷浩的惩罚被撤销，桓温来信邀请他出任尚书令。殷浩立刻回信答应，但又担心言辞不妥，于是反复开封修改数十次。最后不知哪里出了差错，寄给桓温的乃是一个空信封。桓温大为恼怒，殷浩复起一事也就没了下文。

对于殷浩的倒台，王羲之曾感慨"令人叹恨无已！"[2]当时，他一定被悔恨与自责的心情折磨着。王羲之劝阻北伐，是担心殷浩的境遇，更是一心为国家天下着想。然而，无论王羲之的出发点如何，对于殷浩陷入绝境一事，他终究要承担一半的责

1.《世说新语》下卷下《黜免第二十八》。
2.全句为"殷废责事便行也，令人叹恨无已！"王羲之：《杂帖》，见张彦远：《法书要录》卷一〇《右军书记》。

任。之所以这么说，是因为王羲之等人反对北伐的议论最终为桓温所利用，这一点无可否认。而随着桓温时代的到来，不仅仅是殷浩，王羲之本人也陷入了进退维谷的境地。

《誓墓文》

与王述不和

殷浩下台后，接替他担任扬州刺史的是王述，而王羲之与王述的关系势同水火。据说，王羲之辞去会稽内史一职，乃至于下决心完全退出官界，与此事密切相关。

王述是王羲之的前一任会稽内史。其母去世后，他按惯例辞官，但依然留在会稽居住。王羲之出任会稽内史后，每每通知说要来吊唁，王述听到消息后也做好准备，但王羲之却一再爽约。最终，王羲之登门拜访、递上名刺，然而正当王述在灵堂行哭礼时，他又直接不辞而别。这样的行为不能不说是一种侮辱。后来，服丧完毕、确定就任扬州刺史的王述巡行会稽，拜会名士，但直到离开会稽前，才纯粹走过场般很短暂地见了王羲之一面。由于扬州刺史是会稽内史的上级，因此，王述今后还会用怎样的方式还以颜色，王羲之心中没底。于是他派遣参军前往朝廷，请求将会稽脱离扬州的管辖。然而不知何故，这名参军表述失当，为有识之士所嘲笑。同时，王述也暗地里下令调查王羲之在会稽内史任上的失政行为，掌握了一些证据。这样一来，王羲之就显得进退两难了。

关于王羲之辞官隐退的原委，《晋书》与《世说新语》将之完全归因于王羲之和王述的个人矛盾。然而，上述故事未免也太过戏剧化了，持此想法的恐怕不止笔者一个人。这里必须要考虑到的是，王羲之出身琅琊王氏。与之相对，王述则出身太原王氏，也是不输于琅琊王氏的名门。不仅如此，由于两家姓氏相同，也就更加剧了双方一较高低的意识。王羲之的侄子王胡之曾与太原王濛辩论王羲之与王述的优劣。王胡之云："吾门王羲之风评上佳。"王濛则反驳道："吾门王述也未必不佳。"[1]可见，在琅琊王氏与太原王氏的竞争中，同辈的王羲之与王述一时瑜亮。据说，王述的脾气暴躁，但又能默默克制，个性极为复杂。关于王述，有一则故事，说他未能顺利地又起鸡蛋，于是就发起脾气来，把鸡蛋扔到地板上，用木屐拼命踩踏，但鸡蛋还是滚个不停，于是王述就用手抓着往嘴里塞，咬了一口又吐了出来。另一则故事则与之完全相反，说有人痛骂王述，但他却一直不动声色，向壁而立，坚持了有半日之久。这两则故事，皆见于《世说新语》。[2]

另一方面，有"骨气"的王羲之，难免时不时与人发生冲突。不过，他并不是那种有城府的人。并且，王羲之与太原王氏也并非全无交际。事实恰恰相反，其《东方朔画传》所赠与的友人王修正是上文中的王濛之子。又，与王羲之深交的谢万乃王述的女婿。不仅如此，在王羲之与友人互通消息的尺牍中，还可见与谢安、谢万、孙绰、许询、阮裕等人并列的"怀祖可呼"[3]一句话。所谓怀祖，正是王述的字。由此可以推测，王羲之与王述之间至少是存在友谊的。

1.此处对话作者有改写，故直译而出。原文作"王修龄问王长史：'我家临川，何如卿家宛陵？'长史未答，修龄曰：'临川誉贵。'长史曰：'宛陵未为不贵。'"出自《世说新语》中卷下《品藻第九》。
2.这两个故事均出自《世说新语》下卷下《忿狷第三十一》。
3.王羲之：《杂帖》，见张彦远：《法书要录》卷一〇《右军书记》。

离开官界

那么，王羲之退出官界的真正原因何在？通过前文，我们对王羲之的政治生涯已经有了一些理解。由此加以考量，他辞官的真正原因大概如下：会稽民政的荒废日渐加重，王羲之违抗上司命令的不断努力也最终毫无效果，只能疲于奔命。再加上殷浩倒台、桓温取而代之，王羲之也陷入了十分微妙的立场。无论王羲之本人是否具有结党的意识，但在众人看来，他毫无疑问是殷浩派系中的人物。而另一方面，取代殷浩出任扬州刺史的王述显然属于桓温派系。王羲之与王述争执的故事背后，如果有什么事实被遮蔽的话，那么只能是东晋政局的巨大转折。在当时的官界，王羲之已经没有了安身立命之所。于是他辞去了会稽内史的职位，脱离仕途。时为永和十一年（355）三月五日，正值兰亭会两周年。这一天，四十九岁的王羲之在双亲墓前郑重祭拜，献上一篇文章，即所谓的《誓墓文》：

【古文原句】

義之不天，夙遭闵凶，不蒙过庭之训。母兄鞠育，得渐庶几，遂因人乏，蒙国宠荣。进无忠孝之节，退违推贤之义。每仰咏老氏、周任之诚，常恐死亡无日。忧及宗祀，岂在微身而已！是用瘝寐永叹，若坠深谷。止足之分，定之于今。谨以今月吉辰肆筵设席，稽颡归诚，告誓先灵。自今之后，敢渝此心，贪冒苟进，是有无尊之心而不子也。子而不子，天地所不覆载，名教所不得容。信誓之诚，有如皦日！[1]

1.《晋书》卷八〇《王羲之传》。

【现代语译】

　　羲之天生不幸，幼年丧父，无缘承蒙庭训。承蒙母亲、兄长的慈爱，得以成长，因人才匮乏，得以诚惶诚恐地接受国家的荣宠。然而，我既无忠孝节义，又无推举贤者之事。每每吟诵老子、周任推崇谦让的箴言时，都会害怕自己很快就要失去生命。这不仅是我自身的不幸，更会连累先祖。因此，我日夜叹息，心情如坠入深谷之底。对于官场生涯，我不再抱有任何期待，到此为止。谨以今月吉日设下筵席，叩首于先祖灵前，诚心起誓。自今往后，如果我违背此心，一时追求荣华富贵，便是对父母不敬，不可被称为人子。既是人子，而又失去为人子的资格，乃天地所不能接纳，世间良知所不能容忍。我以真心发此誓言，有如太阳一般明确。

　　于墓前祭拜的王羲之，心中并无一丝阴霾。他应当是以一种宁静的心情，追忆着父母、王氏的祖先，追忆着自己幼年至今的经历。

佩刀一把

　　东晋时，王羲之所在的王氏家族是声名卓著的顶尖世家，属于一流贵族中的一流。王氏家族本贯琅琊郡临沂县，最初因东汉末的孝子王祥而为人所知。王祥是"二十四孝"之一。"二十四孝"的故事源自元代郭居敬所撰的《二十四孝诗选》。人所熟知的日本室町时代《御伽草子》一书也收录了王祥的故事。[1]记载如下：

> 王祥可怜地失去了母亲。父亲再娶继室，名为朱氏，喜
> 欢在父子间搬弄是非。而即便为双亲所厌恶，王祥也毫无
> 怨言地孝顺朱氏。冬天极寒冷时，王祥生母（从前后文看
> 当为继母）想要活鱼，于是王祥来到河边找鱼。然而，由于
> 是冬天，河面都结了冰，看不见鱼儿。于是王祥解开衣服，
> 直接将身体卧在冰面上。在王祥正为了抓不到鱼而悲伤时，
> 冰面突然裂开，两条鱼跃出冰面。王祥拿着鱼，以此服侍
> 母亲。由于王祥的孝行，在此地每年都有人以卧倒的姿势
> 躺在冰面上。

在日本，王祥的故事因《御伽草子》一书而广为流传。井
原西鹤认为，二十四孝的故事毫无理性精神，只是一种残害自
身的愚孝，并刊行了辛辣讽刺二十四孝的反转之作——《本朝
二十不孝》。[2]在该书序言中，井原西鹤针对王祥以及在雪中为母
求笋的孟宗写道："雪中笋，在菜店；鱼店渔船，有鲤鱼。"

话说回来，王祥的孝行故事并不仅仅是卧冰求鲤一条。在

1.《御伽草子》，日本室町时代的大众文学作品集，多取材于民间故事，作
者包括僧侣、隐士等。其主要特点是故事经常围绕一个英雄人物，内容
多元，主要目的是娱乐大众。日本享保十年（1725），大版出版商涉川清
右卫门将二十三个故事编入《御伽草子》，以《御伽文库》的名称发行。
当时就有其他出版商制作自己的《御伽草子》版本。自此以后，室町时
代至江户时代初期这类作品都被通称为"御伽草子"。《御伽草子》的出
现标志着日本庶民文学的发展与贵族文学的衰落。
2.井原西鹤，日本江户时代著名文学家，创造了文学体裁"浮世草子"，
从而促进了"町人文学"的诞生。《本朝二十不孝》是其作品之一，岩波
书店于一九六三年刊行了校订版。

人们对未来丧失希望的东汉末年乱世中，王祥带着继母朱氏、异母弟王览避难庐江（今安徽省西部）。而王览正是王羲之的曾祖父。王览虽然是朱氏的亲生儿子，但非常喜欢王祥，总是站在王祥这边，不支持自己的母亲。朱氏的鞭子一抽到王祥的身上，王览就哭着紧紧抱住他。成年以后，王览也劝谏自己的母亲不要为难王祥。并且，王祥、王览的妻子也都帮着兄弟俩应付朱氏。某次，王祥的酒杯中被下毒。王览察觉到后，故意把手伸向那个酒杯。王祥也察觉此事，也抢起酒杯，不让王览拿到。朱氏见此情形，赶忙把酒杯收了起来。此后，朱氏每次给王祥提供餐食时，王览都会先验毒，朱氏也就放弃了下毒的打算。

孝子王祥与敬爱兄长的王览很快就在家乡获得名声。换言之，他们得到了乡里清议的认可。最终，王祥在魏文帝时代担任徐州刺史吕虔的别驾。一天，吕虔把自己的佩刀送给王祥。据说，佩此名刀，可位至三公。吕虔对王祥说道：

【古文原句】

苟非其人，刀或为害。卿有公辅之量，故以相与。[1]

【现代语译】

若非相配的主人，这把刀可能会作祟兴灾。君有公辅的器量，故而将此刀赠你使用。

王祥固辞，最后实在不得已接受了这把刀。此后，王祥逐渐显达，西晋初建时果然被任命为三公之一的太保。王祥

1.《晋书》卷三三《王祥传》。

去世之际，把已经高升为光禄大夫的王览招至枕边，把佩刀
递给了他：

【古文原句】

吾子皆凡庸。汝后必兴，足称此刀。[1]

【现代语译】

我的儿子皆为凡人。不过你的子孙一定繁荣隆盛，配
得上这把刀。

后来的历史证明，王祥的预言是正确的。

王与马共天下

王览有六个儿子，四子王正乃王羲之的祖父，西晋时期担
任尚书郎。王正长子为王旷，即王羲之父亲。关于王旷的经历，
我们除了知道他曾任淮南太守，其余一无所闻。不过，王旷与
他的亲兄弟、堂兄弟们，在晋王朝一度灭亡、又复兴于江南的
混乱时代保全住了性命，并各自活跃于此乱世中。琅琊王氏的
名声也由此高涨，成了贵族中的贵族。

晋王朝的开国皇帝晋武帝于公元二九〇年驾崩，昏愚至极

1.《晋书》卷三三《王祥传》。

1 武帝（司马炎）
二六五—九〇

2 惠帝（衷）
（二九〇—三〇六）

吴孝王 —— 4 愍帝（邺）
（三一三—七）

3 怀帝（炽）
（三〇六—一三）

⑭

105

的晋惠帝随之即位。惠帝时代的政局瞬息万变，但惠帝只是局外人。晋武帝的外戚杨氏、晋惠帝的外戚贾氏接连专权，此后则是八位宗王争夺权力的腥风血雨，即"八王之乱"。宗王们为了加强自己的军事力量，将定居在边境地带的非汉族群拉拢到自己的身边。然而，这一政策却造成了无法挽回的后果。作为雇佣兵的非汉族群看穿了晋王朝的弱点，趁着华北地区陷入混乱，逐渐自立建国。匈奴人最早独立，以平阳（今山西省临汾市）为都城，国号为汉。永嘉五年（311），晋王朝的都城洛阳（今河南省洛阳市）受到匈奴的袭击。洛阳诸城门被烧毁，太极殿被占领。各种掠夺、暴行在洛阳街市上掀起了狂风骤雨。皇帝的陵墓被掘开，三万余具尸体被堆积在洛水以北。当时，惠帝之后登基的晋怀帝被掳掠至平阳，最终死于该地。这就是所谓的"永嘉之乱"。此后，晋愍帝于长安即位，勉强延续着晋王室的命脉。

　　然而，正当华北混乱至极的局势令人绝望之际，江南却突然出现了复兴晋室的机运。这一机运的中心，是以安东将军、都督扬州江南诸军事之职开幕府、出镇吴国旧都建邺（今江苏省南京市）的琅邪王司马睿。[1] 司马睿是琅邪王司马伷的嫡孙[2]，原本出镇下邳。而最先建议司马睿由下邳移镇建邺的，正是王羲之的父亲王旷，及其堂兄、担任司马睿幕僚的王导与王敦等人。据说，当下邳也变得日益不安全时，王导、王敦等人紧闭

---

1. 原书作"建业"，但西晋太康三年（282年）"建业"已改名为"建邺"，故译文中直接改为"建邺"。书中还有几处，均作同样处理，不再一一出注。
2. 原书此处云"司马睿是八王之一琅邪王司马迪的嫡孙"。据《晋书》等文献记载，司马睿为琅邪王司马伷的嫡孙，非司马迪。另无论是司马伷或司马迪，都不在"八王"之列。故此处译文根据史实进行了调整。

门窗，正在商量未来何去何从，突然外面有人大声呼喊：

【古文原句】

天下大乱。诸君欲何所图谋？将欲告官！[1]

【现代语译】

天下局势如乱麻。诸位在偷偷商量什么呢？我马上去向君上汇报。

他们慌忙开窗一看，原来发出声音的是王旷。王旷来找王导，并没有进屋，而是隔墙窥视着里面的情况。屋内的王导、王敦等人赶紧把王旷请至屋内，拥立司马睿移镇建邺的计划，也由此敲定。司马睿移镇建邺是在永嘉元年（307），鲁一同认为，王羲之正出生于这一年。

对于琅琊王氏诸人，司马睿十分信赖。不幸的是，王旷英年早逝，而王导作为司马睿的智囊，精力充沛，十分活跃。王导认为，要扶持司马睿这位自华北流亡而来的王子，最重要的事情莫过于笼络江南的人心。于是他展开谋划，在三月上巳这一天，让司马睿具威仪、乘着肩舆走过因祭祀活动而热闹非凡的建邺街道，王敦等人则在其后扈从。这场活动取得了充分效果，此前一直不理睬司马睿的江南人士目睹盛况，不由自主地拜伏于路边。王导认为时机已到，于是向司马睿进言：

【古文原句】

古之王者，莫不宾礼故老，存问风俗，虚己倾心，以

1.裴启：《语林》，收入《太平御览》卷一八四《居处部·一二》。

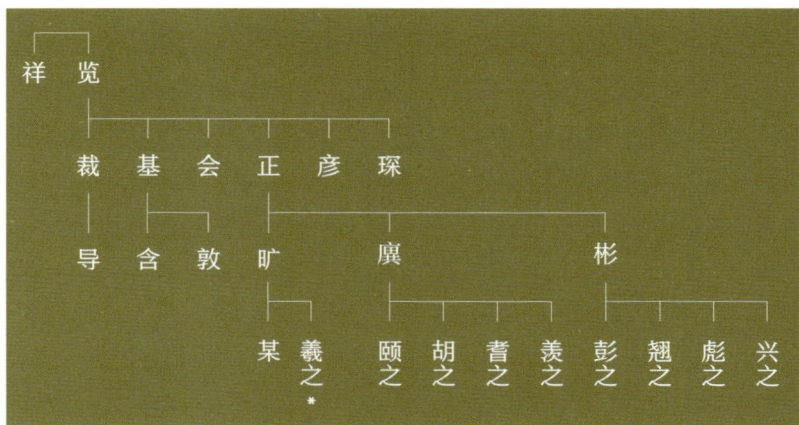

祥　览

裁　基　会　正　彦　琛

导　含　敦　旷　　　廙　　　　　彬

某　羲之　颐　胡之　耆之　羡之　彭之　翘之　彪之　兴之

＊

招俊乂。况天下丧乱，九州分裂，大业草创，急于得人者乎！顾荣、贺循，此土之望，未若引之以结人心。二子既至，则无不来矣。[1]

【现代语译】

古代的王者，无不礼遇当地故老，尊重本土习惯，于己谦逊，一心招纳人才。更何况天下纷乱，分裂至极，大业刚刚创始，最为要紧之务就是获得人才。顾荣、贺循，都是江南的名望家，征召此二人，可以凝聚人心。若能让此二人相助，之后就轻而易举了。

不久，王导拜访顾荣、贺循，两人欣然就任司马睿的幕府。以此为契机，司马睿政权得到了江南人士的全面支持。当时，数以万计、十万计的流民由华北故里艰难地逃往江南。有些是举家迁徙，有些是由豪族统率、结成聚落而来。无论怎样，他们都要长途跋涉，或穿过一望无际的平原，或跨越山冈河流，忍受着连明天的生命都无法保证的各种困苦。也只有战胜这些困苦的人，才能获得生存于江南的权利。从华北来的流寓者中，官僚、名族为数不少，王导将他们纳入司马睿的幕府中。此外，王导的堂兄王敦也成功镇压了劫掠长江中游地区的

1.《晋书》卷六五《王导传》。

"流贼"。如此一来，江南的秩序日渐安定。而出降匈奴的晋愍帝则被杀害，华北的皇统断绝。公元三一七年，司马睿称晋王，次年即皇帝位，改建邺为建康。这就是东晋开国皇帝、被谥为"元帝"的司马睿。在复兴晋室上居功至伟的王导被授予丞相等职。同时，王敦则担任江州刺史、荆州刺史等职。要言之，王敦被授权掌控新王朝的西半部区域。东晋建国，与其说是司马氏、王氏携手创造的新体制，不如说是在王氏主导下成立的新体制。因此，时人皆云"王与马共天下"。如上所见，王羲之出身的琅琊王氏，是众多贵族中极其显赫的名门。

一门所望

据说，王羲之小时候极其少言寡语，非常讨厌见人。他的内向性格，大概与其父早亡、天生病体这些因素有关。说起王羲之的疾病，甚至有人认为他身患癫痫，每一两年就要发作一次。另一方面，王羲之是一个感情丰富的少年。早在他十二岁时，就有两则相关传说，暗示他将来要成为大书法家。故事之一，是王羲之偷偷阅读其父珍藏的《用笔论》，被发现后，他乞求父亲，获得此书，书法技巧也随之一日千里。故事之二，是说书法家卫夫人看了王羲之的书法，为之一惊，感慨云:

東晉元帝

恭儉有餘明斷不足
禍亂內興大業未復

111

【古文原句】

此儿必见用笔诀。近见其书，便有老成之智。此子必蔽吾名。[1]

【现代语译】

这孩子一定是看过了书法运笔的秘诀。他近期的书法闪耀出老成的才智。他将来的名声一定会胜过我。

王羲之在少年时期曾专门学习卫夫人的书法。卫夫人据说是汝阴郡太守（一说江州刺史）李矩之妻，为钟繇书法的传人。她的儿子李充后来成了王羲之的挚友。此外，琅琊王氏一族中也有不少书法名家，其中最早注意到王羲之非凡天赋的，是王旷之弟王廙。作为王羲之的叔叔，王廙的书法承袭张芝、卫恒，在绘画上则是东晋第二代皇帝晋明帝的老师，名声卓著。王羲之的书画技能也是由他所启蒙。王廙所撰《孔子十弟子图画赞》有如下记载：

【古文原句】

余兄子羲之，幼而岐嶷，必将隆余堂构。今始年十六，学艺之外，书画过目便能。就余请出画法，余画《孔子十弟子图》以励之。嗟尔羲之，可不勖哉！画乃吾自画，书乃吾自书。吾余事虽不法，而书画固有法。欲学书则知积学可以致远。学画可以师弟子行己之道。又各为汝赞之。[2]

1.羊欣：《笔阵图》，收入《太平广记》卷二〇七《书·二》。
2.张彦远：《历代名画记》卷五《晋·王廙》。

【现代语译】

吾侄羲之，自幼聪颖，必能继承光大吾之事业。其今年不过十六岁，不仅是学问，还有书画技艺，都是一学便能。因羲之向我请教书画技法，故而绘此《孔子十弟子图》加以勉励。羲之，请多多努力！此画是我亲手所绘，此书是我亲手所写。我其余之事虽不成章法，但书画却可以为楷模。汝当知晓，汝学习此书法，努力精进，便可达到高远境界。汝学习此画，可以知晓先师孔子、孔门十弟子等人的钻研学问之道。此外，对画上的每一位人物，我也为你而添加了赞语。

不过，王羲之毕竟是世家公子，即便再怎么内向消极，最终也不得不改变，至少世俗人情就不会允许他一直如此。吏部尚书周顗曾招待王羲之，王羲之毕恭毕敬地落座末席。然而，周顗却将刀插在牛心炙上，让王羲之先吃。牛心炙即烤牛心，当时被认为是人间至味。王羲之如此年轻，却受到主人的如此招待，不由得引起在场所有人的惊叹。王羲之由此在贵族的社交圈中华丽亮相。自打这以后，他一改从前的木讷寡言，变得能言善辩，其话语中所闪烁的才智也受到了人们的欣赏。

【古文原句】

逸少何缘复减万安邪！[1]

【现代语译】

逸少怎么可能不如万安呢！

1.《世说新语》中卷下《品藻第九》。

　　万安是刘绥的字，在当时是被誉为"灼然玉举""千人亦见，百人亦见（千人之中亦显眼，百人之中亦显眼）"[1]的俊杰。王敦也将名望卓著的部下阮裕引见给王羲之，激励他说：

　　【古文原句】

　　汝是我佳子弟，当不减阮主簿。[2]

　　【现代语译】

　　你是我王氏一族的希望，一定不逊于阮主簿。

　　阮裕也夸奖王羲之，将他与王承、王悦并称为"王氏三少"。[3]王承来自王氏的远房，王悦则是王导的长子。

王敦之乱

　　不过，在永昌元年（322），也就是王羲之十六岁那一年。对王羲之而言、对琅琊王氏的所有人而言，发生了一件极为悲痛之事。荆州刺史王敦于武昌（今湖北省鄂州市）起兵，率军顺江而下。王敦起兵，原本是一心为了琅琊王氏一族，尤其是为了堂弟王导。作为丞相的王导，其政治态度被人们评价为

1.《世说新语》中卷下《赏誉第八》。
2.《世说新语》中卷下《赏誉第八》。
3.《晋书》卷八〇《王羲之传》。

臣羲之臣祥除之後五日竊思永遠肝心寸

截甘雪應時嚴寒奉被手詔伏承聖體

御膳常以慰下情臣故患甸滿氣上頓

乏勿勿慈恩垂愍每具慰問感戴屏營不

勝衝遇謹表陳聞臣羲之誠惶誠恐頓

首頓首死罪死罪

臣羲之眛表不宣奉勅手詔伏承聖體勝

常以慰下情不審宿昔復何如承鄭夫人乃

尔憂損令復增擔伏惟哀亡隱存益勞

聖心謹附承動靜臣羲之言

"宽和""宽惠"。[1]因为王导致力于弥合南、北高门间动辄产生的矛盾，并且尤其注意不让江南土著豪族的利益受到损失。王导认为，东晋政权尚在草创期，故不可妄生波澜。不过，反对王导这一立场的人也为数不少。他们希望以强权应对豪族，实行迅速建设国家的政治路线。这一派所提出的重要主张之一，是释放豪族奴婢、使其成为国家租税赋役的承担者，以此来巩固国家的财政基础。随着这一派的代表人物——刘隗、刁协逐渐受到重用，王导对于皇帝而言越来越可有可无。对于一手掌握长江中游军政、民政的王敦，朝廷的态度也发生同样的变化。王敦则时常喝着酒，敲击着唾壶边缘，打着节拍，高唱着曹操所作乐府，以此消愁解忧：

> 老骥伏枥，志在千里。
> 烈士暮年，壮心不已。[2]

在王敦举兵的诸多口号中，首要的就是清除皇帝身边的刘隗、刁协一派。不过，无论出于怎样的理由，一旦举兵，就成了进攻朝廷的叛党。王敦本人也受到部下们的怂恿，难以淡然收手，野心慢慢膨胀了起来。

对以王导为首的琅琊王氏而言，这一事件是极其巨大的冲击。刘隗坚持主张诛杀琅琊王氏一族，王导则日复一日地带领着二十余位王氏子弟，天蒙蒙亮就站立在宫城门前请罪。王羲

1.《晋书》卷七三《庾亮传》："先是，王导辅政，以宽和得众。"同书同卷《庾冰传》："初，导辅政，每从宽惠。"
2.该故事出自《世说新语》中卷下《豪爽第十三》，王敦所咏诗歌为曹操《龟虽寿》的一部分。

之的身影肯定也在这些王氏子弟之中。晋元帝司马睿为王导的至诚所打动，以"大义灭亲"的理由宽恕了其罪责。所谓"大义灭亲"，典出春秋时卫国石碏杀掉自己参与谋反的儿子受到赞扬的故事。见于《春秋左氏传》中的"鲁隐公四年"条目。

在此期间，沿江而下的王敦军队已经轻而易举地占据了都城西边的军事要地石头城，进而控制住建康。都城被这些地方上来的武人掠夺，宫中人员逃窜一空，只有两位亲信在皇帝身边侍奉。当初赏识、拔擢王羲之的周顗，也因为对抗王敦而被杀害。不久后，借着王敦的拜访，晋元帝对他的真实意图加以试探：

【古文原句】

欲得我处，但当早道。我自还琅邪。何至困百姓如此！[1]

【现代语译】

如果想要皇位，就尽快说出口。我自己就回到原来的封国琅琊去。何必要让民众受此困苦？

这一事件，以王敦出任丞相、江州牧而暂时告一段落。王敦撤军武昌，晋元帝则于同年驾崩。晋明帝即位后，王敦再次威胁朝廷，强行夺取了扬州刺史一职。这样，王敦就可以名正言顺地进入建康了。不过，他没有立即这样做，只是将驻地由武昌迁往姑孰（今安徽省当涂县）。

此时，年过六十的王敦已疾病缠身。朝廷获知此消息，一

1.《晋书》卷九八《王敦传》。

改往日的态度，变得强硬起来，不仅对外声称王敦已死，并且派军征讨。王敦卧病在床，代替指挥军队的是其兄王含。此时，王导给王含去信，希冀他为了国家、也为了琅琊王氏一门而重新考虑：

【古文原句】

导虽不武，情在宁国，今日之事，明目张胆为六军之首，宁忠臣而死，不无赖而生矣。但恨大将军桓文之勋不遂，而兄一旦为逆节之臣，负先人平素之志。既没之日，何颜见诸父于黄泉，谒先帝于地下邪？[1]

【现代语译】

我王导虽然不习武事，但一心安定国家，遭遇今日之事态，便使出万般勇气，立于官军阵前，我已有充分觉悟，宁愿作为忠臣战死，也不愿作为无赖活着。大将军王敦的霸业未成[2]，您又一下子成为谋逆之臣，违背了先祖的平素志愿，令人遗憾万分。等您去世后，在地下面对先祖、拜谒先帝之际，您又打算如何向他们辩白呢？

然而，王导尚未收到王含的回信，交战就开始了，官军大破王含。王敦听闻兵败，说着"我当力行"[3]，从病榻上强起。然而，他的身体却不听使唤，一下子又瘫倒了。不久后，王敦去世。这场造成东晋政权内外骚乱的事件也由此结束，时为公元三二四年。

1.《晋书》卷九八《王敦传》。
2. 这里的霸业当时指王敦此前支持司马睿登基、创建东晋政权的活动，故原文作"桓文之勋"，并不是指王敦后来的篡逆行为。
3.《晋书》卷九八《王敦传》。

虽然王敦发动了叛乱，但王导却始终恭顺地恪尽职守，因此没有受到任何责罚。他历经元帝、明帝、成帝三朝，一直保持文臣领袖的地位，直至公元三三九年去世。同时，他还将琅琊王氏一族受政治波及的牺牲者数量控制在最小程度。不过，同为琅琊王氏一族，却分裂为敌我之间的对立。这一事件，大概使得正处于多愁善感的青年时期的王羲之内心颇为痛苦。在政治世界中，从不缺乏残酷无情，横亘于其根基的则是一片黑暗深渊。对于出身名门的王羲之而言，无论他愿不愿意，都不免体察到这一现实。

结婚与仕宦

王羲之的婚姻，发生于王敦之乱前后。他的妻子，是同为名门的领军将军郗鉴之女，名璿，字子房。

郗鉴原是高平郡金乡县（今山东省嘉祥县南）的豪族，在西晋末年如泥沼般的乱世中，他率领宗族及周边民众屯据于乡里附近的绎山。不过，绎山很快为胡人所包围，粮食不济，他们只能依靠抓捕野鼠、燕子或啃食树根来充饥。而即便在如此困难的境况下，郗鉴的威信却有增无减。他的麾下无人叛逃，三年后反而增长为三万余人的大集团。此后，郗鉴寻找到机遇，率领自己的团体向南方迁徙，经过一路曲折，最终到达长江下游的冲击平原地带。经过多年的锤炼，郗鉴所部十分团结，且行动力很强。因此，以郗鉴为盟主的流民集团直接被编入东晋政权的军队中。王敦之乱中，驻扎合肥（今安徽省合肥市）的郗鉴所部发挥了重要作用，此后移镇广陵（今江苏省扬州市），后又驻扎于京口（今江苏省镇江市）。驻扎于京口的军团被称为北府，而当时位于西边的荆州军团被称为西府。就性质而言，北府军是东晋政权直面北部战线的正规军，具有重要地位。

某日，郗鉴派一位书吏来到王导府上物色女婿。主人王导爽快地答应此事，请书生往东边厢房内寻觅中意的人选。王氏一族生活的宅邸，大概正面为正房，两翼为东厢、西厢，三者围成院子。书生回去后向郗鉴报告：

【古文原句】

王氏诸少并佳，然闻信至，咸自矜持。惟一人在东床坦腹食，独若不闻。

【现代语译】

王家的公子们都很有神采，但一听说来挑选女婿，各个都表现得不太自然。只有一个少爷袒露肚子、悠闲地躺在东边床上，就如同没有听见此事的样子。

郗鉴则说道：

【古文原句】

正此佳婿邪！[1]

【现代语译】

就这个小子好！

据说，王羲之就这样被选为了郗鉴的女婿。

在无法自由选择职业的六朝时代，成为官僚是贵族子弟从

1.此句及上句出自《晋书》卷八〇《王羲之传》。

出生起就被赋予的命运。婚后不久，王羲之也以秘书郎起家出仕。秘书郎这一官职，如非第一流贵族的子弟，便难以获得。也正因如此，它是所有人都羡望的目标。秘书郎主要负责整理、校阅宫中文库的藏书，因此被视为最为文雅的官职。王羲之任秘书郎后，转任晋元帝的末子、会稽王司马昱的佐臣——会稽王友。虽然被分封会稽，但会稽王并没有封地、封户，而是任职于京师。接着，王羲之从会稽王友转任临川郡（今江西省抚州市临川区）太守，这大概是王羲之第一次离开建康。而后的咸和九年（334），在征西将军，都督江、荆、豫、益、梁、雍六州诸军事，江、荆、豫三州刺史庾亮的请求下，王羲之赴任武昌，担任其幕府参军，后升任长史。参军是将军的参谋，长史则是统领幕府僚佐的重要职务。不过，在武昌的数年生活，对他来说肯定不是什么愉悦的经历。离任后，王羲之曾与王导说起在武昌的往事：某个天气爽朗的秋夜，王羲之登上武昌南楼，与同为庾亮幕僚的殷浩、王胡之等人吟咏。此时，庾亮出现，与众人一同歌咏嬉戏。王导听后说道："那时候的庾亮也不得不稍稍改变平日里的严厉姿态吧！"王羲之则回答道："庾公当天只是谈论山水。"[1] 如上所见，王羲之在武昌并非完全没有快乐的回忆，庾亮也是一个完全理解风雅的人物。然而，正如王导所刻薄讽刺的那样，庾亮是他在政界的对手。晋明帝驾崩后，按遗诏安排，庾亮与王导一同辅佐幼主成帝。作为外戚的他，威势逐渐超过王导。对于人们评价王导的"宽和""宽惠"政风，庾亮持反对意见，以极为严格的态度处理政务。上

1.此处王导、王羲之的对话作者有改写，故直译而出。原文作："丞相曰：'元规尔时风范，不得不小颓。'右军答曰：'唯丘壑独存。'"见《世说新语》下卷上《容止第十四》。

文王导与王羲之的对话中，王导所讽刺的正是庾亮的这种政治态度。关于两者在政治上的对立，还有一个故事：盛夏之际，王导拜访庾亮，而庾亮正在酷暑中伏案办公。王导见此，说道：

【古文原句】

暑，可小简之。

【现代语译】

盛夏时节，工作可稍稍放手。

庾亮则反驳道：

【古文原句】

公之遗事，天下亦未以为允。[1]

【现代语译】

您不问政事，世人对此也有意见。

不久后，庾亮离开建康，出镇武昌。但这绝不意味着庾亮在政治上的失败，恰恰相反，手握巨大军权的庾亮紧盯着中央，与王导的裂隙进一步加深。庾亮曾计划流放王导，寻求郗鉴、也就是王羲之的岳父的支持，不过郗鉴一直没有同意，庾亮也只能冷冷地盯住王导。双方最终的摊牌，就此被日复一日地推迟。

咸康五年（339）七月，王导去世。翌月，郗鉴去世。至

1.此句及上句出自《世说新语》上卷下《政事第三》。

王羲之：六朝贵族的世界

第二年正月，庾亮也去世了。无论三人在世时的关系如何，对王羲之而言，王导是王氏一门的英杰、自己的叔父，郗鉴是岳父，庾亮是府主，他们都与自己关系颇深。三人的离世，也自然令王羲之深为感怀：

【古文原句】

庾虽笃疾，谓必得治力，岂图凶问奄至，痛惋情深。半年之中，祸毒至此，寻念相摧，不能已已！况弟情何可任！遮等荼毒备尽，当何可忍视！言之酸心，奈何奈何！[1]

【现代语译】

庾公虽身患重病，但我一直相信他必定能恢复健康。然而哪里知道，突然就接到了庾公的噩耗，心痛惋惜之情，这些天越发深重。半年之中，悲哀之事竟至于如此，回想其中种种，令人沮丧，我的心中无法安宁！就更不用说你该如何承受这种情绪了！此外，遮君遭遇的不幸之事，着实令人不堪直面！说起这些事情，胸中郁闷不已，究竟该如何是好！

文中的"遮"，当是王导第六子王荟的小字。总之，王导、郗鉴、庾亮的相继离世，不仅仅是困扰王羲之个人的问题。上述三人分别是东晋的丞相、太尉、司空，尽管政治立场不同，但都是国家元勋。他们的去世使得东晋政权一下子失去了最高领导层。艰难困苦的东晋草创期，也至此落下帷幕。而此后的东晋历史，则是由王羲之及其同辈们——即第二代政治人物来

1.王羲之：《杂帖》，见张彦远：《法书要录》卷一〇《右军书记》。

书写了。此外，琅琊王氏一族也是如此。在王导的临终上书中，他对王羲之的纯洁品德与卓越见识加以赞誉。在身体尚康健时，他也一直称赞王羲之"逸少国举"。[1]所谓"国举"，即值得被推举为国家栋梁的优秀人才。如上可见，作为下一代的希望之星，王羲之饱受期待。

庾亮死后，其幕府解散，王羲之升任宁远将军、江州刺史。不过，围绕着王羲之的政治情势却并不平静。在朝廷中，王导与庾亮的对立关系，由王导的后继者何充与庾亮之弟庾冰所继承。再加上庾冰与其弟庾翼完全继承了庾亮的军权，双方的矛盾进一步激化。而何、庾对立的时代刚刚结束，又出现了会稽王司马昱、殷浩一派与桓温的对立。在此期间，王羲之在殷浩的强行举荐下出任护军将军，后又作为会稽内史疲于奔命。而随着殷浩失势，进入到桓温掌权的时代，王羲之最终退出官界。

1.按，"逸少国举"是庾亮称赞王羲之的话，并非王导。见《世说新语》中卷下《赏誉第八》。

《王略帖》

四郊多垒

当退出官界的愿望被朝廷准许时，幸福感也如同波浪一般反复冲击着王羲之的内心：

【古文原句】

羊参军还。朝论长见敦恕。其为庆慰，无物以喻。今又告诚先灵。以《文》示足下。感怀恸心。[1]

【现代语译】

羊参军回来了。经过朝议，朝廷答应我的请求，绝不改变。这份喜悦之情，何物都无法比拟。现今我要再去先祖灵前报告我的想法。此篇《誓墓文》供您过目。我的心中百感交集。

据说，官僚的"官"字，原本的形象是被关在屋檐下的一个人。至此，一直束缚着王羲之的枷锁被拆除了，自由的逸民生活即将开始。有人建议王羲之再次从政，他也完全不予理睬：

【古文原句】

吾前东，粗足作佳观。吾为逸民之怀久矣。足下何以方复及此？似梦中语耶！无缘言面，为叹。书何能悉。[2]

1.王羲之：《杂帖》，见张彦远：《法书要录》卷一〇《右军书记》。
2.王羲之：《逸民帖》，入刻《十七帖》。

【现代语译】

我之前去了东边的会稽，此地景色十分秀丽。我从很久之前开始就一直想成为逸民。您为何又要再次提起此事呢？[1]真如同梦话一般！很遗憾无法与您见面。书信实在是言不尽意。

成为逸民，是王羲之早已有之的愿望。早在殷浩邀请他担任护军将军时，他就说过，"自儿娶女嫁，便怀尚子平之志"[2]。尚子平是东汉时期的隐士。但即便如此，王羲之出仕三十年间，在为官上却并非草率敷衍。因生于贵族之家而必须作为官僚走向社会，他坦诚接受这一确定的命运。命运怎么安排，便坦然地过着怎样的生活，这是王羲之的信条。因此，在为官期间，他均恪尽职守：

【古文原句】

古之御世者，乃志小天下。今封域区区一方任尔，而恒忧不治，为时耻之。[3]

【现代语译】

古代的为政者气宇宏大，视天下为小物。我现今不过是境内的一个小小地方官，却一直担忧为政不佳，心中感到羞耻。

1.应该是指对方想让王羲之复出做官一事。
2.《晋书》卷八〇《王羲之传》。
3.王羲之：《杂帖》，见张彦远：《法书要录》卷一〇《右军书记》。

甚至在某次王羲之与谢安结伴出游，登上建康郊外的冶城时，谢安悠然遥想，王羲之则提醒谢安：

【古文原句】

夏禹勤王，手足胼胝；文王旰食，日不暇给。今四郊多垒，宜思自效。而虚谈废务，浮文妨要，恐非当今所宜。[1]

【现代语译】

夏的大禹勤勉于王事，手脚都起了茧子；周文王事务繁忙，傍晚才能吃上饭。而今可以说是四郊多垒，人人都应当奋发振作。至于沉迷虚谈，不管世事，推奖浮文，妨碍要务，都并非时宜所为。

面对着严峻的现实，谢安这种吊儿郎当、不以为意的态度，为虚谈、浮言所遮蔽的生活方式，王羲之无法接受。因此，即便在辞官后，他也没有完全置身于政局之外。尤其是对关系到国家盛衰的北部战线情况，以及突破敌军防线、不断推进的北伐动向，王羲之随着形势变化为之欣喜，为之担忧。

夺回洛阳

说起北伐，自永和十年（354）殷浩失势后，桓温立刻开始行动。他沿汉水顺流而上，攻入前秦领土内，进军至与长安近在咫尺的灞水岸边。胡族统治下的关中汉人们皆手持牛酒，欢迎北伐军。甚至有些老人激动地哽咽流泪，说道："不图今

1.《晋书》卷七九《谢安传》。

日复见官军！"[1]但无可奈何的是，由于粮草补给不足，北伐的战线难以长期维持。

两年后，也就是王羲之退出官场的次年——永和十二年（356），桓温再度出任征讨大都督，剑指晋王朝的旧都洛阳。在北伐行进的路上，曾经痛击殷浩的姚襄占据许昌（今河南省许昌市），拦住了桓温的去路，一番激烈的冲突不可避免。在王羲之的书信中，可以看到这样一段话：

【古文原句】

羌贼故在许下。自当了也。桓公未有行日。[2]

【现代语译】

羌族人仍然占领许昌。必须将他们扫除。桓公出发的日期尚未决定。

北伐军自江陵（今湖北省江陵县）沿汉水溯流而上，到达襄阳（今湖北省襄阳市），再由襄阳横穿河南的平原地带，向洛阳前进。但行军似乎不太顺利：

【古文原句】

得都下九日书。见桓公当阳去月九日书，久当至洛。但运迟可忧耳。蔡公遂危笃，又加下，日数十行，深可忧虑。得仁祖廿六日问，疾更危笃，深可忧！当今人物眇然，而艰

1.《晋书》卷九八《桓温传》。
2.王羲之：《都下帖》，又称《九日帖》《桓公当阳帖》，现藏台北故宫博物院。

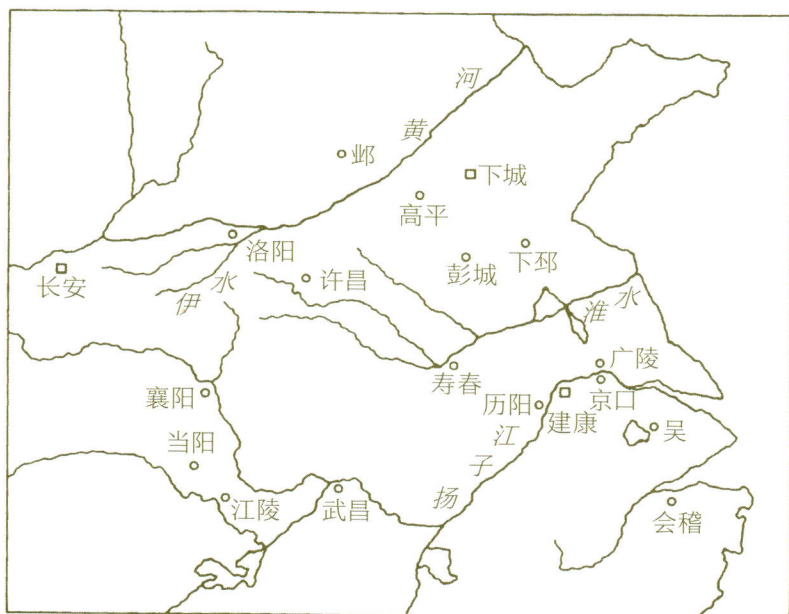

示意图4 桓温北伐关联地图

疾若此，令人短气。[1]

【现代语译】

收到都城九日的来信。桓公自当阳（今湖北省当阳市）的来信说，到达洛阳尚有时日。行军迟滞，我十分担心。蔡公病重，加之一日腹泻数十回，令人深深忧虑。收到仁祖二十六日的来信，病情又加重了，让人极为担忧。现今人才缺乏，诸人又患病如此，使人情绪低落。

文中的蔡公是原司徒蔡谟，仁祖是镇守历阳（今安徽省和县）的豫州刺史谢尚的字。此次北伐前，桓温任命谢尚为都督司州诸军事，计划在夺回洛阳后由他来镇守。然而不幸的是，谢尚却病倒了。正当王羲之焦躁不安时，北伐军终于渡过了淮水，深入敌境的桓温意气风发。某日，桓温率领幕僚登上船楼，眺望辽阔的中原景象，叹息道：

【古文原句】

遂使神州陆沈，百年丘墟，王夷甫诸人不得不任其责！[2]

【现代语译】

令中国沦陷，百年来成为废墟，王衍等诸人岂能逃脱罪责！

王夷甫即王衍。当西晋国家有事、九鼎不稳之际，身居政治中枢的王衍却沉迷于虚谈浮文，最终让自己、也让国家一同

1.王羲之：《都下帖》，又称《九日帖》《恒公当阳帖》，现藏台北故宫博物院。
2.《世说新语》下卷下《轻诋第二十六》。

灭亡，是向来饱受批判的人物。北伐军一直推进，在伊水与姚襄展开对峙。桓温亲自矗立于阵头指挥，敌军随即大溃。北伐军最终在八月进入了期待已久的洛阳。桓温屯驻于承载着晋王朝——或者说不单单是晋王朝，而是华夏诸王朝悠久历史的太极殿以及洛阳西北角的金墉城等地，或拜谒先帝诸陵，或修复被损毁的陵墓，每日十分忙碌。

随着攻占洛阳的捷报传入江南，王羲之高兴得手舞足蹈。尽管终止王羲之官僚生涯的罪魁祸首正是桓温，但他却毫无狭隘的党争之心，把桓温的成功当作自己的成功一般，为之高兴：

【古文原句】

虞义兴适送此，桓公摧寇，罔不如志。今以当平定。古人之美，不足比踪。使人叹慨，无以为喻。[1]

知虞帅书，桓公以至洛，即摧破羌贼。贼重命，想必禽之。王略始及旧都，使人悲慨深！此公威略实著，自当求之于古。真可以战，使人叹息。[2]

【现代语译】

虞义兴来信说，桓公击破贼军，轻松随意。现在当地局势应该已经平定下来了。古代英杰不足以与桓公相比较。这种令人感慨的心情，无法言喻。

虞帅来信说，桓公已到达洛阳，击破羌人。贼军看重性命，应该都被俘虏了。我朝的王化首次到达旧都，令人感慨无量！桓公的威名、谋略可谓显眼，比拟者只能从古人中

---

1. 王羲之：《虞义兴帖》，入刻《二王帖》卷中。
2. 王羲之：《破羌帖》，又称《王略帖》《恒公至洛帖》，入刻《二王帖》卷上。

⑱

去寻求。着实令人惊讶，让人感慨至深。

正如王羲之所言"王略始及旧都"，东晋王朝数十年来的夙愿，终于得以实现。然而，洛阳作为非汉族群争斗的舞台，也已经荒废。王羲之在信中写道：

【古文原句】

适桓公十月末书，为慰。云所在荒，甚可忧。[1]

【现代语译】

收到桓公十月末的来信，安心了。不过，信中说当地处处荒芜破败，使人忍不住忧虑。

随后，他还提及了殷浩的消息：

【古文原句】

殷生数问北事势。[2]

【现代语译】

殷君再三来信询问北方的情势如何。

---

1. 王羲之：《伏想清和帖》，入刻《淳化阁帖》。
2. 王羲之：《伏想清和帖》，入刻《淳化阁帖》。

殷浩蛰居东阳，对无聊的生活牢骚不已。当他听说自己曾经失败的北伐在政敌桓温的手中获得成功，自然不会置若罔闻。但即便如此，他也并没有不顾形象地直接打听桓温的情况，而是悄悄地给已处于放松心境的王羲之去信，了解相关信息。

北部战线

那么，此后的北方形势如何？

桓温成功夺回的洛阳，位于东西对立的两大势力——鲜卑慕容部的前燕与氐族的前秦之间。换言之，洛阳是这两大势力之间产生的真空地带。桓温能够夺回洛阳，正由于此。但在此之后，前燕侵略的触手不断向南、向西延伸，东晋政权的北部疆域不断受到前燕的威胁。桓温占据洛阳不久后，东面也发生了小规模的军事冲突：

【古文原句】

荀侯定住下邳，复遣军取卞城。[1]

【现代语译】

荀侯暂时驻扎在下邳，似要再次派遣军队攻取卞城。

以上王羲之书信中所传达的，是镇守在下邳（今江苏省睢宁县西北）的东晋北境战线统帅荀羡的消息。荀羡往山东平原方向出动后，一度回到下邳。然而，由于拥众数万、盘踞卞城（今山东省泗水县）的慕容兰反复入寇边境。于是荀羡再次进

---

1. 王羲之：《远近清和帖》，入刻《澄清堂帖》。

攻下城，击败了慕容兰。

不过，即便东晋获得了小小胜利，但前燕政权的扩张与发展势头极为惊人，维持洛阳的经营预计会出现很多困难。要克服困难，需要相当大的牺牲与决心。然而桓温只留下了零星部队留守，就匆匆地率领军队返回江南。果然，在夺回洛阳的第二年，即升平元年（357），慕容儁于邺（今河北省临漳县西南）建立新都，明显地表现出向南经略的意图：

【古文原句】

　　慕容遂来据邺。可深忧![1]

【现代语译】

　　慕容氏已经占据了邺城。令人十分担忧！

东晋政权在下邳和历阳（今安徽省和县）分别部署了应对前燕进攻的防御基地。其中，镇守下邳的军府长官任北中郎将，徐、兖二州刺史，最初由荀羡担任。升平二年（358），荀羡病倒，由郗鉴次子、同时也是王羲之妻弟的郗昙继任。从郗昙的来信中，王羲之可以获知北方的情势。但毕竟有数百里的距离，书信往还要花费几十日。书信寄出后的局势变化，只能通过推测来脑补，这恐怕令王羲之心中感到无比强烈的烦躁：

【古文原句】

　　适重熙书。如此果尔，乃甚可忧张平。不立势向河南者，不知诸侯何以当之？熙表故未出。不说，不说。荀侯疾

1.王羲之：《杂帖》，见张彦远：《法书要录》卷一〇《右军书记》。

患，想当转佳耳。若熙得勉此一役，当可言浅见。实不见今时兵任可处理。[1]

【现代语译】

收到了重熙的来信。如果真如他所说的那样，则张平的情况令人忧虑。如果不整备军势，进军河南，不知道诸公们打算如何与之交锋？重熙依然没有上表。信中没有提及荀侯的病，一定是因为病情有所好转吧。即便重熙能够在此战中奋起一番，也只能说是我的浅见。近来的战局已经完全不在我方的掌控之中了。

重熙是郗昙的字。张平则是原后赵石虎的荆州刺史。石氏政权瓦解后，张平先投降前秦，后投降东晋，后又再次投降前秦，此时又投降前燕，是个反复无常的人物。郗昙大概是打算攻讨张平。而王羲之认为，在没有周密的计划前，应当谨慎行事。

另一方面，东晋升平元年（357），镇守历阳的军府长官、担任安西将军、豫州刺史的谢尚去世，其堂弟谢奕继任其职。谢尚在历阳当地的人望很高，大家认为继任者一定要从谢氏一族中产生，迫于此呼声，品行端正的谢奕就由此被选中了。

【古文原句】

谢无奕外任。数书问，无他。仁祖日往，言寻悲酸，如何可言。[2]

1.王羲之：《适重熙书帖》，又名《重熙帖》，入刻《淳化阁帖》。
2.王羲之：《旦夕帖》，入刻《十七帖》。

【现代语译】

谢无奕赴任外地。屡屡来信问候，无甚大事。仁祖（谢尚）去世已经有相当一段时间了，一想起此事就悲伤不已，无话可说。

由以上书信可见，王羲之与谢氏一族情谊深厚。谢奕是王羲之的至交谢安之兄，且王羲之次子王凝之是谢奕的女婿。让人万万没想到的是，自己的妻弟与亲家公居然一同担任北部防线的要职。[1]尽管王羲之已是官界外之人，但仅凭这一层身份，他就没办法对北部战线的局势漠不关心。

然而，谢奕上任一年不到，就突然，甚至可以说猝然去世了。朝廷很快决定以其弟谢万作为继任者。王羲之对谢万十分了解，因此忍不住向桓温坦率表达了自己的意见。他认为，谢万虽然很聪明，但是个天生的纨绔子弟，不知人间疾苦的谢万难以胜任这个职位：

【古文原句】

谢万才流经通，处廊庙，参讽议，故是后来一器。而今屈其迈往之气，以俯顺荒余，近是违才易务矣。[2]

【现代语译】

谢万的洞察力优异，如果身处庙堂、参与政策讨论，自不用说可视为年轻一代的天才人物。而现今不让他继续发挥这一优势，把他派遣到荒凉残破的边境，是让他担任了

1.妻弟指郗昙，王羲之夫人郗璿是郗昙的姐姐。亲家公即谢奕。
2.《晋书》卷七九《谢万传》。

完全错误的角色。

然而，桓温对王羲之的劝说不屑一顾。当谢万正式赴任历阳后，王羲之又再次修书，以长辈的身份对之谆谆教诲：

【古文原句】

以君迈往不屑之韵，而俯同群辟，诚难为意也。然所谓通识，正自当随事行藏，乃为远耳。愿君每与士之下者同，则尽善矣。"食不二味，居不重席"，此复何有，而古人以为美谈。济否所由，实在积小以致高大。君其存之。[1]

【现代语译】

你性格独特，不在意他人，让你与这些无聊之人交往，的确乃为难之事。然而所谓有见识之人，就应该根据事态调适节奏，唯有如此，才能温暖人心。希望你能够每每与普通军官同甘共苦，如此就可谓完满了。"菜肴只吃一碟，坐席只有单褥"，虽然行事不至于如此，但古人以之作为美谈。寻求成功与失败的本原，正在于积小为大。此点恳请您一定注意。

谢万的哥哥是谢安，他与王羲之的看法相同。由于担心弟弟的器量，害怕他失败，谢安特意陪着谢万来到历阳，千方百计地帮助这个弟弟。某次，他向谢万传授如下智慧：

1.《晋书》卷八〇《王羲之传》。

王羲之：六朝贵族的世界

【古文原句】

汝为元帅，诸将宜数接对，以悦其心。

【现代语译】

你是元帅，应当不时设宴邀请将军们，愉悦大家的心情。

然而，当将军们列席，出席宴会的谢万只是一边拿着指挥杖指向四座，一边无所顾忌地放言道：

【古文原句】

诸将皆劲卒！

【现代语译】

各位都是善战的兵士！

被贬低为兵卒的诸将们愤怒不已，宴会瞬间冷场。为了收拾残局，谢安不得已跑来跑去，一一登门拜访诸队主、将领，向他们郑重道歉。[1]

洛阳被弃

与此同时，东晋朝廷决定从下邳与历阳派遣军队，前往被前燕和前秦两大势力包围而孤立无援的洛阳。郗昙向高平（今山东省巨野县）进军、谢万向寿春以北的下蔡（今安徽省凤台县）进军。而在行军途中，等待他们的是前燕军队的猛烈进攻：

———

1.该故事及谢安、谢万之言均出自《晋书》卷七九《谢万传》。又，据《谢万传》，他所拿的指挥杖是如意。

【古文原句】

适万石去月五日书，为慰。寻得彭祖送万九日露版。再破贼，有所获。想足摧寇越逸之势。[1]

【现代语译】

收到了万石（谢万）上个月五日的来信，安心了。接着又收到了彭祖（孔岩）送来的谢万九日的捷报。再次击破贼军，还有一些缴获。想必好好打击了一番正在势头上的贼军气焰。

如上所见，尽管北进获得了一些胜利，但毕竟只是初战，并且不幸的事情也发生了：郗昙病倒，率军退至彭城。谢万也因此慌张撤退，把背部暴露在敌人面前，军队全线崩溃。谢万的战败，正如王羲之、谢安所担心的那样，是由于他过于自傲，无法笼络将士们的心。世人也都议论纷纷，认为"伊以率任之性，欲区别智勇"[2]。在历阳军团的内部氛围中，当时也存在找机会除掉谢万的杀气。不过，诸人考虑到"当为隐士"[3]，最终忍耐不发。战败后，谢万在写给王羲之的书信中这样说道：

【古文原句】

惭负宿顾。[4]

【现代语译】

辜负了您一直以来的特别关照，感到很抱歉。

1.王羲之：《杂帖》，见张彦远：《法书要录》卷一〇《右军书记》。
2.《世说新语》中卷下《品藻第九》。
3.《世说新语》中卷下《品藻第九》。
4.《世说新语》下卷下《轻诋第二十六》。

据说，王羲之将书信推到一边，自言自语道："谢万终于醒悟了。"[1]承担战败罪责的谢万，被剥夺所有官爵，贬为一介庶民。

就这样，援军迟迟未到，洛阳最终于哀帝兴宁二年（364）落入前燕手中。太和四年（369），桓温再次北伐，但未能到达洛阳，行至枋头（今河南省浚县）就撤军了。此前，在桓温夺回洛阳时，这一难得的喜讯令身在江南的人们欢欣鼓舞。虽然桓温从来就没有死守洛阳、以洛阳为据点光复整个北方的决心，然而，收复北方，尤其是夺回象征北方领土的旧都洛阳，毕竟是东晋政权下所有人的夙愿。因此，尽管北伐不断失败，但即便是一时的成功，仍然在人们心中留下了不可估量的巨大影响。桓温的行动，正建立在如此缜密的计算之上。付出高昂代价的北伐，不过是桓温的一场政治秀。其目的在于让千万人对自己的实力产生印象，威慑整个江南，进而寻找机会篡夺皇位。

谢安出马

不过，桓温的篡位计划并没有按照他所设想的那样进行，最终只是镜花水月。直到桓温临死前，他的野心都没能得逞，计划完全破产。而圆满地应对此事，充分发挥手段者，正是谢安。原本在会稽东山享受着自由自在逸民生活的谢安，虽然已年过四旬，但在弟弟谢万被朝廷废黜后，便立刻进入了官场。

1.此处作者有改写，故直接译出。原句见《世说新语》下卷下《轻诋第二十六》："右军推书曰：'此禹、汤之戒。'"

【古文原句】

安石既与人同乐，必不得不与人同忧。召之必至。[1]

【现代语译】

谢安既能够与人一同快乐，也必定能够感同身受他人的悲伤。他一定会出马的。

一些人早就料到谢安会出山，事实也正如他们所预计的那样。因此，当时也有人冷嘲热讽云：

【古文原句】

诸人每相与言，安石不肯出，将如苍生何？苍生今亦将如卿何？[2]

【现代语译】

众人经常说，安石君不出马的话，苍生该怎么办？那么现今苍生对您又该是何种态度呢？

当时，谢安的堂兄谢尚、长兄谢奕都已去世，四弟谢万也已失势，陈郡谢氏的家道中衰。凡此种种，令谢安下定决心出

1.《晋书》卷七九《谢安传》。
2.《世说新语》下卷下《排调第二十五》。

八月五日告淵朗廓仮清玄

允等何當骷禍聚集中

郎雀至逝没哀痛崩慟

當奈何當復言　　　

五情破裂不自堪忍痛

慕斷絕號咷不知當奈言

爲心奈何奈何　安止

马，时为升平四年（360）。

话说回来，虽然谢安对于进入官界已心有所动，但笔者认为，他最终决定出山最为重要的原因是得到了王羲之的强烈举荐。之所以这么说，是因为王羲之曾对谢安的姐夫刘惔云：

【古文原句】

故当共推安石！

【现代语译】

我们应当一起推荐安石！

面对王羲之如此认真的建议，刘惔则打着哈哈开玩笑道：

【古文原句】

若安石东山志立，当与天下共推之。[1]

【现代语译】

如果安石确定了隐居东山之志，我自然会与天下人一起推荐他。

而最为重要的证据，是如下尺牍：

【古文原句】

前得君书。即有反，想至也。谓君前书是戏言耳。亦或谓君当是举不失亲，在安石耳。省君今示，颇知如何。老仆

1.《世说新语》下卷下《排调第二十五》。

之怀，谓君体之，方复致斯言，愧诚心之不著。[1]

【现代语译】

前日收到了您的来信。承蒙您这么快回信，衷心感谢。您前一封书信中所言，大概是玩笑话。不过，您此次举荐人物，决不可忘记安石。您看到我的这份书信，就能够知道事情原委。我心中所想，您一定能够理解，因此才和您说这番话。我的本心尚不纯粹，还抱有世俗野心，甚感惭愧。

换言之，王羲之曾收到再度出山的邀请。但在当时，他毫无复出的意愿，而是强烈推举谢安来代替自己。上述尺牍反映的应该就是这件事。

总之，谢安最终出山了。王羲之以为他会出任中央的朝官。然而，谢安的起家官却是桓温幕府中的司马一职。

【古文原句】

上流近问，不竟何日即路。知谢定出。居内所弘。[2]

【现代语译】

长江上游近期来信，询问何日出发。已经知道谢君决定赴任地方。如果他在中央任职，明明可以获得较大影响力。

并且，对于王羲之而言，与独一无二的挚友分别，尤为令人感到寂寞：

1.王羲之：《杂帖》，见张彦远：《法书要录》卷一〇《右军书记》。
2.王羲之：《杂帖》，见张彦远：《法书要录》卷一〇《右军书记》。

【古文原句】

安石定目绝，令人怅然。一尔，恐未卒有散理。[1]

【现代语译】

安石已决定赴任地方，令人十分悲伤。一旦如此，恐怕很快就会失去心情舒畅的机会。

不久，谢安前往任官地江陵（今湖北省江陵县）。能够将如此知名的幕僚纳入麾下，桓温非常高兴。据说，在谢安进行新官上任的拜会时，桓温感怀、激动不已，对时间的流逝毫无察觉，并说："颇尝见我有如此客不？"[2]在王羲之的尺牍中，也能看到如下内容：

【古文原句】

知谢生大得情和，至慰。安以当至吴兴。迟见之也。[3]

【现代语译】

知道谢安非常受欢迎，安心了。谢安肯定会来吴兴的吧。我已经盼望与他见面很久了。

正如王羲之所料，谢安不久后就离开桓温幕府，出任距离会稽不算远的吴兴郡（今浙江省湖州市）太守一职。谢安是极为沉着之人，想亲眼看一看桓温究竟是何等人物。或许正是基于如此考虑，他最初选择入仕桓温的幕府。在担任吴兴太守数

1.王羲之：《杂帖》，见张彦远：《法书要录》卷一〇《右军书记》。
2.《晋书》卷七九《谢安传》。
3.王羲之：《杂帖》，见张彦远：《法书要录》卷一〇《右军书记》。

年后，谢安最终进入中央官界，担任侍中、吏部尚书，平步青云，出人头地。

在此期间，桓温也一步一步地接近最高权力的宝座。公元三七一年，他迫使皇帝退位，令司马昱登基称帝，即东晋简文帝。司马昱是王羲之曾经的上级，也是东晋穆帝、哀帝、废帝三朝的首辅。对桓温而言，令司马昱即位，就是要施恩于彼，然后以此为基础，接受禅让。然而简文帝在位一年就去世了，十分突然。此时禅让流程还没有全部完成，这给了桓温一个意想不到的打击。东晋王朝的皇位没有落入到桓温手中，而是由简文帝之后的孝武帝所继承。尽管如此，桓温依然在建康南边的姑孰（今安徽省当涂县）等待时机。与其说是等待，不如说是软硬兼施暗示朝廷自己想要篡位。不过，当时桓温已经患病，久卧不起。谢安、王羲之的堂弟王彪之、王述之子王坦之等人——亦即作为贵族代表的陈郡谢氏、琅琊王氏、太原王氏诸人见桓温已命不久矣，于是相互协助，随机应变，巧妙地应付桓温。谢安身为逸民时展现的才智与度量，远非殷浩所能及。在政治的世界中，他的才智与度量也充分发挥了威力。

【古文原句】

为尔寂寂。既不能流芳后世，不足复遗臭万载邪![1]

【现代语译】

真是寂寞呀。如果不能在后世留下好名声，那么一定要将恶名流传万年！

1.《晋书》卷九八《桓温传》。

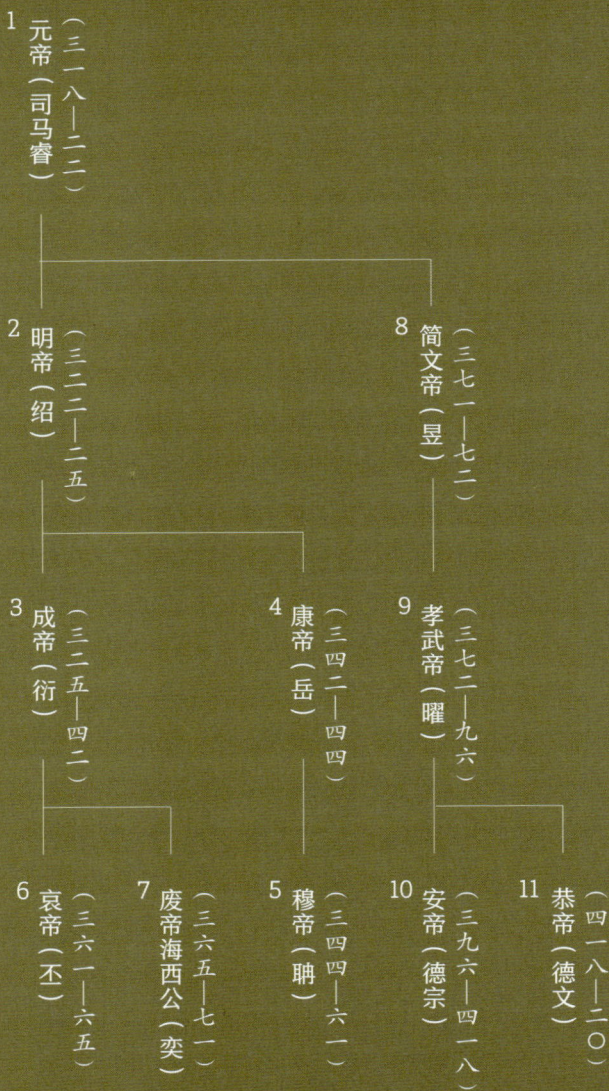

1 元帝（司马睿）（三一八—二二）

2 明帝（绍）（三二二—二五）

8 简文帝（昱）（三七一—七二）

3 成帝（衍）（三二五—四二）

4 康帝（岳）（三四二—四四）

9 孝武帝（曜）（三七二—九六）

6 哀帝（丕）（三六一—六五）

7 废帝海西公（奕）（三六五—七一）

5 穆帝（聃）（三四四—六一）

10 安帝（德宗）（三九六—四一八）

11 恭帝（德文）（四一八—二〇）

⑳

　　宁康元年（373），留下如上叹恨的桓温去世了。那令人眼花缭乱的繁华，已成往事，一皆埋没。

　　不过，王羲之并没有见证桓温的离世。王羲之于兴宁三年（365）去世，而桓温离世远在他之后。在王羲之成为会稽的一介逸民直至去世的十数年间，他所看到的，是一步又一步不断攀登着权力阶梯、意气风发的桓温。

㉑ 王羲之：《远宦帖》

晋王羲之远官帖

省別具足下小大問爲慰多

分張念足下懸情武昌諸子

亦多遠宦足下兼懷並数

以爲慰力不具王羲之白

第三章

③

何以度日

王羲之的生活、信仰、思想、艺术

《逸民帖》

逸事种种

到目前为止，较之王羲之的人格、生活，本书更多讲述的是他周边发生的事情。那么，成为逸民的王羲之，他的生活究竟如何？

北方的形势，以及以此为主轴所展开的政局变动，不断影响着王羲之的心绪。然而，成为逸民是他早已有之的愿望，从严酷的官僚生活中解放出来的巨大喜悦，是无论什么东西都无法比拟的。从今往后，时间是如此充裕，只需要简单处理好一家人的生活就足够了。好不容易产生的创作欲望，再也不会因为公事受到妨碍。什么时候想要外出，也完全自由。并且与以往不同的是，哪怕不带着显眼的随从们而独自外出，也很少被人们议论。以下这几则故事，虽然难以确定具体时间，但笔者认为应当是王羲之成为会稽的逸民后发生的。据说王羲之十分喜欢鹅。他应当是喜欢鹅那滑稽不凡的姿态。他听说有个老婆婆养了一只很好的鹅，想让她卖给自己，可是老婆婆不答应。于是王羲之说："那么至少让我看一眼吧！"于是带着朋友去了老婆婆那里。然而，当他们特意赶到时，老婆婆却把鹅做成了菜肴，等待他们前来。这让王羲之感到万分遗憾。[1]

王羲之去看昙禳村道士所养的鹅时，见鹅姿态飘逸，心动不已，希望道士一定要把鹅卖给自己。然而道士却怎么都不答应。在坚持不断的交涉下，不知道对方是王羲之的道士终于提出了一个条件："吾素爱老子《道德经》，白绢早备，苦于无

---

1. 该故事出自《晋书》卷八〇《王羲之传》。

十七日先書郗司馬未去

即日得足下書為慰先書

以具示復數字

吾前東粗足作佳觀吾

為逸民之懷久矣足下

何以方復及此似夢中語耶

無緣言面為歎書何能悉

足下各如常昔往年宗

不能不懷具頃積雪凝

寒五十年中所無

想頃如常

22

人能书。君若喜书道，能手写《道德经》一通，则鹅群尽皆与君。"[1]王羲之花费了半天时间，为道士写完了五千字的老子《道德经》，于是兴高采烈地拎着满满一笼的鹅回家了。

某次，王羲之去一个书生家吃饭，为表示感谢，正好看见一张光洁的桌子，于是挥毫提笔，写楷书、草书各半，相得益彰。但后来书生的父亲却不小心把桌上的字都刮掉了，令书生郁闷多日。[2]

还有一次，王羲之在蕺山遇见卖六角竹扇的老婆婆，于是拿起扇子，随兴在每个扇子上写了五个字。见老婆婆生气，王羲之说道：

【古文原句】

但言是王右军书，以求百钱邪。[3]

【现代语译】

就说是王右军所书，这样一个字就能让你赚到一百钱。

---

1. 此处作者有改写，故直译而出。原文作："道士乃言性好《道德》，久欲写河上公《老子》，缣素早办，而无人能书，府君若能自屈，书《道德经》各两章，便合群以奉。"见虞龢：《论书表》，收入张彦远：《法书要录》卷二。
2. 该故事出自《晋书》卷八〇《王羲之传》。
3. 《晋书》卷八〇《王羲之传》。

谷神不死是謂玄牝玄牝之門是謂天地根綿

多言數窮不如守中

狗天地之間其猶橐籥乎虛而不屈動而愈出

天地不仁以萬物為芻狗聖人不仁以百姓為芻

子象帝之先

解其紛和其光同其塵湛兮似或存吾不知誰之

著存用之不勤

天長地久天地所以能長且久者以其不自生故

能長生是以聖人後其身而身先外其身而身

存非以其無私耶故能成其私

上善若水水善利萬物而不爭處眾人之所惡故

幾於道矣居善地心善淵與善人言善信政善

㉓ 王羲之：《道德經》

故信不足焉有不信猶兮其貴言功成事遂百
姓皆曰我自然
大道廢有仁義智慧出有大偽六親不和有孝
慈
國家昏亂有忠臣
絕聖棄智民利百倍絕仁棄義民復孝慈絕巧
棄利盜賊無有此三者以為文不足故令有所屬

見素抱樸少私寡欲
絕學無憂唯之與阿相去幾何善之與惡相去何
若人之所畏不可不畏荒兮其未央哉眾人熙熙如
享太牢如登春臺我獨泊兮其未兆若嬰兒之未
孩乘乘兮若無所歸眾人皆有餘我獨若遺我
愚人之心也哉沌沌兮俗人昭昭我獨若昏俗人察

老婆婆按王羲之所言吆喝，果然人们抢着来买。后来，老婆婆又抱着扇子来请王羲之题字。王羲之只是笑而不答。

惬意隐居

如上文所见，王羲之自在地度过每一天。在给谢万的书信中，他直接地叙述这种喜悦之情：

【古文原句】

古之辞世者，或被发佯狂，或污身秽迹，可谓艰矣。今仆坐而获逸，遂其宿心。其为庆幸，岂非天赐! 违天不祥。顷东游还，修植桑果，今盛敷荣。率诸子，抱弱孙，游观其间，有一味之甘，割而分之，以娱目前。虽植德无殊邈，犹欲教养子孙以敦厚退让，戒以轻薄。庶令举策数马，仿佛万石之风。君谓此何如?

比遇重熙去。当与安石东游山海，并行田，尽地利，颐养闲暇，衣食之余，欲与亲知时共欢宴。虽不能兴言高咏，衔杯引满，语田里所行，故以为抚掌之资。其为得意，可胜言邪! 常依陆贾、班嗣、杨王孙之处世，甚欲希风数子。老夫志愿尽于此也。君察此。当有二言否? 真所谓"贤者志于大，不肖志其小"。无缘见君，故悉心而言，以当一面。[1]

---

1. 王羲之:《杂帖》，见《法书要录》卷一〇《右军书记》。此段文字亦见《晋书》卷八〇《王羲之传》，内容大致相同，但"比遇重熙去，当与安石东游山海"一句作"比当与安石东游山海"；又缺"君察此。当有二言否? 真所谓'贤者志于大，不肖志其小'。无缘见君，故悉心而言，以当一面"一段。

【现代语译】

古代的隐者，或散发假装发狂，或者故意行为污秽，真可谓艰难。现今我在家中避世，实现了多年来的志向。这种喜悦，难道不是上天赐予的吗？违背上天的意志是不吉利的。之前我去东边旅行回来后种下的桑树，现已枝繁叶茂。我带领着诸子、抱着孙子，在其间游玩眺望，只要有一点好吃的东西，就大家一起分享，享受目前之乐。虽然我不能树立什么德行，但仍然希望教育子孙们多多为人着想，言行有节制，切勿为人轻薄。我希望效仿万石君石奋的家风，万事以稳当为先。对于这一点，你认为如何？

重熙已经离开。我最近打算与安石去东方游览名山海滨，顺便巡视庄园、考察收成，如果尚有闲暇，就与亲戚朋友等时不时地一同欢宴。即便无法高声歌咏、满杯而饮，说一说田园的生活，也足以成为聊天欢谈的内容。这种得意之情，岂是语言所能够说尽的？我常常效仿汉代陆贾、班嗣、杨王孙等人的处世之道，心中希望能够成为他们这样的人物。这是老夫唯一的愿望。请您一定察知。除此以外，就没有什么事情是必要的了。所谓"贤者志向远大，不肖之人志向短小"。无法与您相见，故言无不尽，以此代替见面。

王羲之的逸民生活，并不像伯夷、叔齐那样，以采集蕨菜为生，最终饿死于首阳山。对于那些被司马迁形容为"岩穴之士"[1]、满怀气节的隐居者，王羲之认为，他们的生活方式是一种

1.《史记》卷六一《伯夷列传》。

十二月六日告姜道等歲忽終感歎情深
念汝不可往得去十月書知姜等平安眷
故不平復懸心頃異寒
庚戌清和月釋文御筆

24 王羲之：草书《平安帖》

162

晉右將軍會稽內史王羲之平安帖

二帖皆見淳化閣帖第七卷今乃得見真
蹟行筆流逸中含古澹信神物也董香光
深昕重著之諜今以墨本相較乃知此翁
为書家董狐耳 乾隆御題

王羲之一帖

神品

楷法之思

給字號

165

琳瑯球璧世間所有若此帖乃希世珍耳

以漬層院山下溪延綏美

東晉至今近千年書跡傳流至今者絶
不可得快雪時晴帖晉王羲之書應代
寶藏者劇本有之今乃得見真跡臣
不勝欣幸至延祐五年四月二十一日
翰林學士承旨榮祿大夫知制誥兼修
國史臣趙孟頫奉
敕恭跋

己巳原日雪霽晴窗臨此帖過命朱弁
刻於帖以識歲月至正三年壬午誌

右軍此帖跋語俱佳紙亦清瑩可玩脈
題識數番喜至與筆墨相和愛不釋手
得意輒書無妨次第也乾隆偶記

26 王羲之：《快雪时晴帖》

天下無雙古今鮮對

羲之頓首

快雪時晴佳想

安善未果為結力不次王

羲之頓首

山陰張侯

吾儕

颇具难度的技艺，"可谓艰矣"。王羲之的隐居，是一种宅在家中的隐居，是一种人性化、具有人情味儿的隐居。这也正是王羲之的理想。在他的周围有许多知心朋友，王羲之与朋友们终日畅谈、撰写诗作、游山玩水，有时候也一起喝酒解闷。上引书信中提到的重熙，是已在前文中出现的郗昙的字。想必他在工作之余，也会来姐夫王羲之的家中游玩。此外，安石是谢安的字，王羲之与他的往来最为密切：

【古文原句】

复与君斯真草，所得极为不少。而笔至恶，殊不称意。[1]

【现代语译】

再送给您这些草书，从中能够学到不少东西。不过我的笔很不好，完全不听使唤。

两人的交往，就是这么自在随意。关于王羲之与谢安，还有如下尺牍，但不知道收信人是谁：

【古文原句】

得书，知足下且欲顾，何以不进耶? 向与谢生书，说欲往。知登停山，停山非所便，故可共集谢生处。登山可他日耶? 王羲之白。[2]

---

1. 王羲之：《与谢安书》，见《北堂书钞》卷一〇四《艺文部十·牍五十一》。
2. 王羲之：《杂帖》，见《法书要录》卷一〇《右军书记》。又，作者现代语译文将"停山"改为"亭山"，照录文。

　　　　　　　　王羲之：六朝贵族的世界

【现代语译】

收到您的书信，知道您正在踟蹰，您为何不来呢？前日在给谢生的信中，我说想去他那边。听说你打算要登亭山，要不算了吧，大家一起在谢君那里聚一聚。改天登山也未尝不可。王羲之敬具。

而在谢安进入官界，担任邻近会稽的吴兴太守后，王羲之也不时期待着与谢安的相会。以下这封书信，应该就是王羲之写给谢安的：

【古文原句】

得司州书。转佳，此庆慰可言。云与君数数或采药山崖，可愿乐，遥想而已。云必欲克余杭，之迟期，此不可言，要须君旨问。[1]

【现代语译】

收到了司州的来信。情况逐渐好转，此乃快事。司州说不时与您去山崖采摘草药，真令人羡慕、令人怀念。司州又说约定在余杭再会，我这边毫无问题，就等着您回信了。

司州指的是谢万。失意的谢万，当时大概寄居在其兄谢安的身边。于是，趁着谢安闲暇，三人选择了会稽与吴兴的中间点余杭（今浙江省杭州市余杭区），相约见面。郗昙的侄子郗超曾评价王羲之与谢安是清谈界的双子星，谢安也表示赞同。总之，王羲之和谢安是一对挚友。

1.王羲之：《杂帖》，见《法书要录》卷一〇《右军书记》。

七儿一女

支遁曾将王羲之的儿子们比作"白颈乌"[1]。此时，这些孩子也已经茁壮成长。王羲之过上了儿孙满堂的温馨家庭生活：

【古文原句】

吾有七儿一女，皆同生，婚娶已毕，惟一小者尚未婚耳。过此一婚，便得至彼。今内外孙有十六人，足慰目前。[2]

【现代语译】

我有七个儿子、一个女儿，都是一母所生，基本都结婚了，只有小儿子尚未婚娶。等小儿子也结过婚，我就能到您这来了。现在有孙子、外孙十六人，足以抚慰目前。

在王羲之的七儿一女中，长子玄之早夭，其余凝之、肃之、涣之、徽之、操之、献之均健在。唯一的女儿嫁给了刘畅。[3]王羲之尚在世的六个儿子，各有特色。王凝之继承了父亲的天赋，草书、楷书皆颇有水准。不过，王凝之每天只是混日子，这是他的缺点所在。尤其是王凝之的夫人谢氏（谢奕之女）是有名的才女，因此非常瞧不起自己的丈夫。[4]谢夫人的叔父谢安曾问她：

1.《世说新语》下卷下《轻诋第二十六》。
2. 王羲之：《儿女帖》，又名《同生帖》，入刻《十七帖》。
3. 刘畅的信息，见《世说新语》中卷下《品藻第九》刘孝标注引《刘瑾集叙》："[刘]瑾字仲璋，南阳人。祖遐，父畅。畅娶王羲之女，生瑾。瑾有才力，历尚书、太常卿。"
4. 王凝之夫人谢氏即谢道韫。

【古文原句】

王郎，逸少之子，人才亦不恶。汝何以恨乃尔?

【现代语译】

王君是逸少的儿子，也并非低劣人物。你为何这么不喜欢他?

谢夫人则将夫君与谢氏子弟相比较，而后答云:

【古文原句】不意天壤之中，乃有王郎![1]

【现代语译】哪里想得到这个世界上还有王郎这种人!

王徽之以豪放磊落著称于世。在他担任车骑将军桓冲的骑兵参军时，与桓冲有如下的对话。

【古文原句】

桓问曰:"卿何署?"

答曰:"不知何署，时见牵马来，似是马曹。"

桓又问:"官有几马?"

答曰:"不问马，何由知其数?"

又问:"马比死多少?"

答曰:"未知生，焉知死![2]

【现代语译】

桓冲问道:"您在哪个部门?"

1.此句及前一句谢安所言均出自《世说新语》下卷上《贤媛第十九》。
2.《世说新语》下卷上《简傲第二十四》。

王徽之答云："不知道在哪个部门。经常看见马牵来牵去，好像是管马的部门。"

桓冲又问："具有管理几匹马？"

王徽之答云："不问马，又怎么能知道其数量呢？"

桓冲又问："最近有几匹马去世？"

王徽之答云："未知生，焉知死？"

"不问马""未知生，焉知死"均为《论语》中的典故。[1]王徽之对待所有事情，都是这种风格。

王献之早在少年时就因行事稳重而得到了很高的评价。他曾与徽之、操之一同拜访谢安。他的两位哥哥只谈俗事，而王献之在寒暄时令后就一言不发。三人告辞后，谢安引用了《易经》中"吉人之辞寡，躁人之辞多"[2]这句话品评王氏兄弟的优劣。某天，王献之和王徽之同在一个房间时，突然发生火灾。王徽之惊慌失措，连木屐都没穿就跑了出去。而王献之却同往常一样神色恬然，呼唤侍者搀扶自己出去避难。还有一次，盗贼潜入家中，王献之假装睡着，而后突然说道："偷儿，青毡我家旧物，可特置之。"[3]把盗贼们一下子吓走了。此外，王献之的艺术天赋可与王羲之相匹敌。在他七八岁的时候，有次正在练习书法，王羲之想从他身后偷偷把笔抽走，但未能成功。

1.《论语·乡党篇》载："厩焚，子退朝曰：'伤人乎？'不问马。"同书《先进篇》载："季路问事鬼神。子曰：'未能事人，焉能事鬼？'曰：'敢问死。'曰：'未知生，焉知死？'"
2.《世说新语》中卷下《品藻第九》。
3.《晋书》卷八〇《王献之传》。

于是王羲之感叹道："此儿后当复有大名！"[1] 很看好王献之。据说王羲之曾手书曹魏夏侯玄所撰《乐毅论》送给王献之。王献之擅长书法的名声逐渐高涨后，他曾在墙上写一丈见方的大字，数百人蜂拥而至加以观赏。以下这段王献之与谢安的对话，则显示出了他的自信：

【古文原句】

谢公问王子敬："君书何如君家尊？"

答曰："固当不同。"

公曰："外人论殊不尔。"

王曰："外人那得知！"[2]

【现代语译】

谢安问王献之："你的书法比起你父亲如何？"

王献之答云："自然是有所不同。"

谢安云："世人的评价好像和你说的完全不一样。"

王献之云："世人哪里懂这些东西！"

对王献之而言，父亲是应当超越的对象。从某种意义而言，父亲也是他的竞争对手。不过，在王羲之的眼中，王献之永远都是那个可爱的小儿子。而这个最优秀的小儿子，终于也结婚了：

1.《晋书》卷八○《王献之传》。

2.《世说新语》中卷下《品藻第九》。

也不屑苟得則心無近事不求小成斯意兼
天下者也則舉齊之事所以運其機而動四
海也夫討齊以明燕主之義此兵不興於為
利矣圍城而害不加於百姓此仁心著於遐
邇矣舉國不謀其功除暴不以威力此至德

天下矢邁全德以率列國則幾於湯

大綱以縱二城拔民明

顧仇其上顙釋干

一施然則求

微子通者

長容

海　應

樂毅論　夏侯泰初

世人多以樂毅不時拔莒即墨

論之

夫求古賢之意宜以大者遠者先之

而難通然後已焉可也今樂氏之趣戓者

未盡乎而多劣之是使前賢失指於將來

不亦惜乎觀樂生遺燕惠王書其殆庶乎

機合乎道以終始者與其喻昭王曰伊尹放

大甲而不疑大甲受放而不怨是存大業於

至公而以天下為心者也夫欲極道之量務以

天下為心者必致其主於盛隆合其趣於先

王苟君臣同符斯大業定矣于斯時也樂生

之志千載一遇也亦將行千載

隆之道當時止於兼并而已哉夫惠并首作

新婦服地黃湯來以
城眠食尚未佳更
懸不去心君等前
論事當決後謝生
來至多日進退不可
解

【古文原句】

中郎女颇有所向不? 今时婚对自不可复得。仆往意君颇论不? 大都此已当在君。耶。[1]

【现代语译】

对中郎的女儿中意几何? 这样的对象可不好遇见。 我十分满意。 当然，无论如何还是要看你的想法。

落款: 父亲[2]

上文中的"中郎"不是别人，正是北中郎将郗昙，也就是王羲之的妻弟。王献之的结婚对象，即郗昙的女儿郗道茂，两人是表兄妹。不久，王家就给郗家寄去了正式的提亲信，其中这样写道:

献之，字子敬。少有清誉。善隶书，咄咄逼人。仰与公宿旧通家，光阴相接。承公贤女淑质直亮，确懿纯美。敢欲使子敬为门闾之宾，故具书祖宗职讳。可否之言，进退唯命。羲之再拜。[3]

---

1. 王羲之：《中郎女帖》，入刻《淳化阁帖》。
2. "父亲"乃上文中的"耶"，即"阿耶"，当时父亲一词的口语表达。
3. 王羲之：《杂帖》，又名《郗家论婚书》，见《法书要录》卷一〇《右军书记》。该尺牍作者仅作训读，故直接引用古文原句。

据说，这封提亲信乃王羲之夫人郗氏所书。王献之与郗道茂的婚姻，当为王氏、郗氏两家户主之间的约定。不过，其中也考虑了王献之本人的意愿。这种温和的家风，想必来自王羲之的影响。但是，在王羲之死后，不知发生了什么事情，王献之与郗道茂离婚，又新娶了简文帝的三女儿新安公主。可能是因为王献之与郗道茂没有孩子，也可能是迫于政治上的压力。总之，王献之临终前曾向道士忏悔，说自己这一生犯下的唯一罪过就是与郗道茂离婚。

郗家众人

王献之出生于建元二年（344），那年王羲之三十八岁。郗鉴去世于王献之出生的五年前。此外，如果王献之二十岁结婚，则死于升平五年（361）的郗昙当时已经不在人世。如果王献之结婚时郗昙还在世，那么他是在十八岁前后就早早完婚了。

前文已提及，郗鉴是与王导、庾亮齐名的东晋元勋。他虽然是京口的统帅，但绝非一介武夫，郗家众人也都颇具教养。郗鉴有两个儿子，分别为郗愔与郗昙，他们都是王羲之的妻弟。此外，还有王羲之的夫人郗璿、王献之的夫人郗道茂、郗愔之子郗超、郗昙之子郗恢，都素有教养。在这种家风的熏染下，郗家的仆人中也有精通文学者。上述诸人中，比王羲之小六岁的郗愔（字方回）擅长草书，是不逊于王羲之的名家。不过，郗愔是憨厚老实的长子，凡事都迷迷糊糊、得过且过。据说某次王羲之与刘惔谈及郗家的仆人，便有了如下对话：

【古文原句】

刘问:"何如方回?"

王曰:"此正小人有意向耳,何得便比方回!"

刘曰:"若不如方回,故是常奴耳。"[1]

【现代语译】

刘惔问:"这个仆人与方回相比如何?"

王羲之云:"不过是稍有些头脑的下人,他哪能和方回相比?"

刘惔云:"如果不如方回的话,那也就是个普通仆人。"

王献之成婚时,郗愔住在邻接会稽东南的临海郡。朝廷曾让他担任当时大郡吴郡的太守,郗愔则认为自己难以胜任,故拒绝任命,请求出任地处偏僻的临海郡太守。郗愔的弟弟郗昙曾作为镇守下邳的军府统帅而活跃。然而正值当打之年的郗昙突然去世,年仅四十二岁。郗愔也由此厌倦世事,辞去临海太守一职,宅居于郡治附近的章安县(今浙江省临海市东南)。

不过,郗愔之子郗超的性格却与其父完全相反。他既有其祖父的豪气,又聪明绝顶、足智多谋。某天早上,郗超来向父亲问安,一直站立不退。郗愔于是说道:

1.《世说新语》中卷下《品藻第九》,这段对话的前文为"郗司空家有伧奴,知及文章,事事有意。王右军向刘尹称之"。文中的"伧奴",正是作者在前文提及的精通文学的郗家仆人。

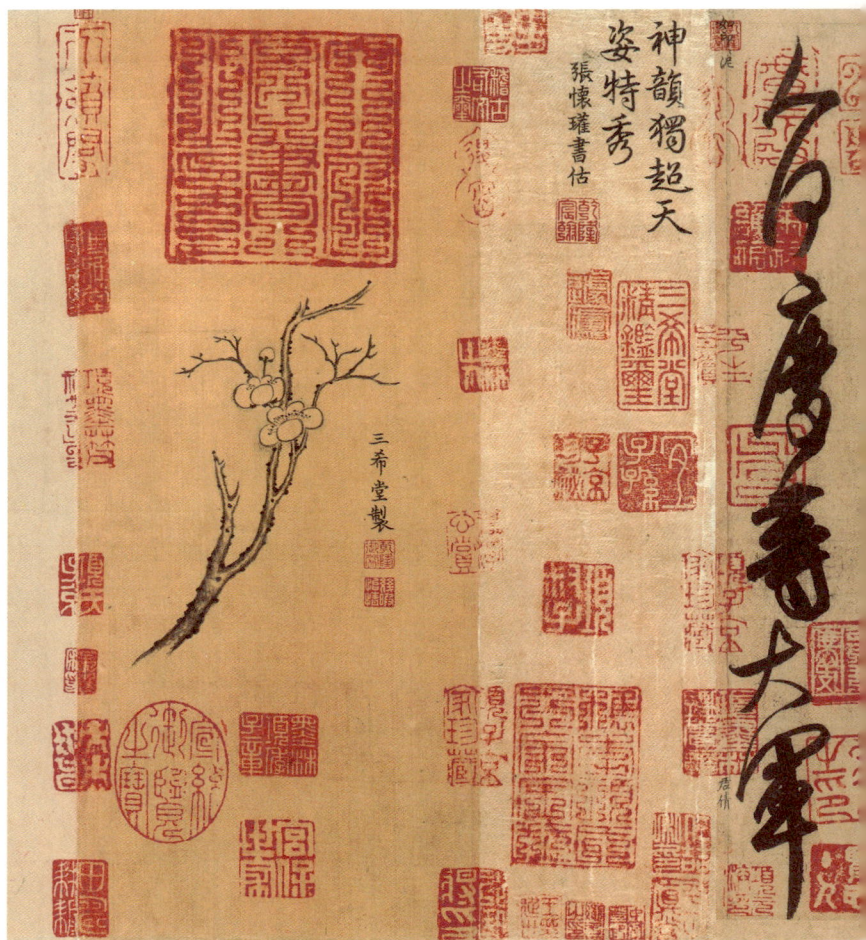

神韻獨超天
姿特秀
張懷瓘書估

三希堂製

大內藏大令墨蹟多屬唐人鈎填
惟是卷真蹟二十二字神采如新洵
希世寶也向貯御書房今貯三希堂
中乾隆丙寅二月御識

晉王獻之中秋帖

【古文原句】

汝正当欲得吾钱耳！[1]

【现代语译】

你不过是想要我的钱而已！

于是打开仓库，让郗超在这一天自由使用。郗超则找来朋友大肆挥霍，至傍晚时将数千万钱全部用尽，令郗愔错愕不已。

郗超很早就作为桓温的幕僚发挥自己的本领。郗愔非常享受自己的隐居生活，但由于他是郗鉴之子，因此被朝廷要求复出，担任与其才能完全不匹配的北府兵统帅一职。于是就发生了如下事情：郗愔听说桓温将要北伐，于是写信表达自己的意愿：

【古文原句】

方欲共奖王室，修复园陵。

【现代语译】

我希望与您一同支撑王室，收复北方故土。

1.《世说新语》下卷下《汰侈第二十九》。

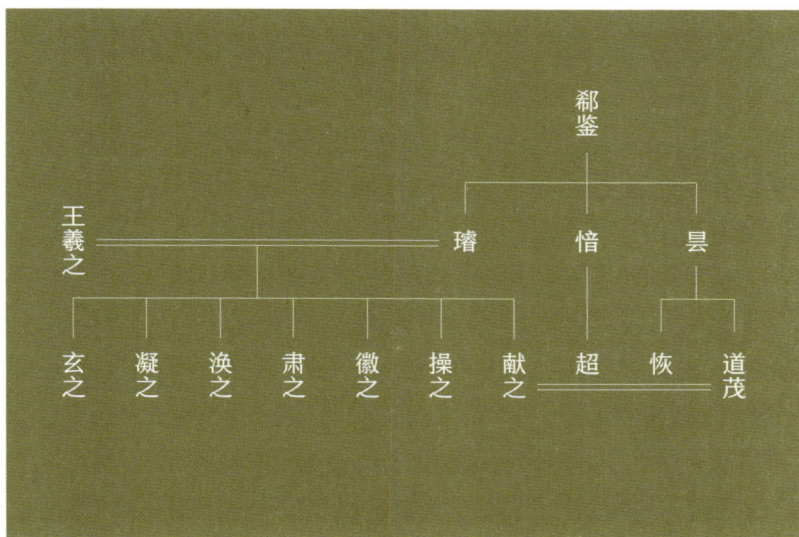

郗鉴

　　　璿　愔　昙

王羲之

玄之　凝之　涣之　肃之　徽之　操之　献之　超　恢　道茂

30¹

1.原书关系图中王肃之在王涣之前，核检史料，王羲之三子为涣之、四子为肃之，故按史实进行了调整。

然而，郗超却把父亲给桓温的信撕得粉碎，模仿郗愔的笔迹重新写信给桓温：

【古文原句】

老病，不堪人间。欲乞闲地自养。[1]

【现代语译】

我年老身残，已不能承受世务。想向您求一个闲职养生。

于是郗愔被转任为会稽内史。北府兵则由桓温所率领，踏上北伐的征途。不过，王羲之并不知道这件事情。因为此事发生于公元三六九年，当时王羲之已经去世了。

郗家众人经常来拜访王羲之。然而，谢安、谢万等人来拜访王羲之时，王家人一改平日样态，将他们奉为上宾、热情款待。王羲之夫人郗氏有些吃醋，对两位弟弟郗愔、郗昙说：

【古文原句】

汝可无烦复往[2]！

【现代语译】

你们后面没必要再来了！

王家之所以如此对待郗家，当是由于双方的交往毫无隔阂，无需拘礼。在王羲之的尺牍中，有不少是传达郗家诸人的消息，还有不少是寄给郗家诸人的。所以在后来的陈朝，人们

---

1. 此句及上句均出自《世说新语》中卷下《捷悟第十一》。
2. 《世说新语》下卷上《贤媛第十九》。

于郗昙墓中发现大量的王羲之真迹，也就不足为怪了。[1]

王羲之的尺牍

通过王羲之的尺牍，我们能够细致了解其生活、其内心世界等诸多内容。在距今超过一千六百年的古人中，也只有王羲之留下了如此多的材料。总的说来，王羲之尺牍的特征，并非高高在上的大发议论，而是更为关心朋友的身体是否康健，如果有人生病就为之心痛，如果恢复健康就为之喜悦。这些尺牍的内容传达出王羲之对他人的温柔关怀。出现于尺牍中的人物，自然以男性居多，但女性也不在少数。仅就此点而言，王羲之的尺牍也是很珍贵的资料，因为女性在一般情况下很难被载入史册。此外，中国文学在传统上也是颂扬、记叙男性之间的友情。以下，笔者就按照自己的思路，尝试列举出这类与女性相关的尺牍：

【古文原句】

十一月十三日，告期等。得所高馀姚并吴兴二十八日二疏。知并平安，慰。各平平。比服寒食酒，如似为佳。力因王会稽。不一一，阿耶告知。[2]

【现代语译】

十一月十三日，写给期等人。收到余姚、吴兴二十八日的两封来信。知道大家都平安，我就安心了。我身体也还不错。最近在喝寒食酒，可能是因为这个原因，身体还不

1.《陈书》卷二八《世祖九王传·始兴王伯茂》载："是时征北军人于丹徒盗发晋郗昙墓，大获晋右将军王羲之书及诸名贤遗迹。"
2.王羲之：《杂帖》，见《法书要录》卷一〇《右军书记》。

错。请把这封信也口头转达给王会稽。不一一细说。

落款：父亲。

尺牍中的"期"，一定是王羲之对某个儿子的爱称。

【古文原句】

二十七日，告姜。汝母子佳不？力不一一，耶告。[1]

六日，告姜。复雨始晴，快晴。汝母子平安？力不一一，耶告。[2]

十二月六日，告姜、道等。岁忽终，感叹情深。念汝不可往，得去十月书，知姜等平安。寿故不平，复悬心。顷异寒。[3]

【现代语译】

二十七日，写给姜。你们母子还好吧？不一一细说。

落款：父亲

六日，写给姜。刚刚下了会雨，很快就放晴了。你们母子都还好吧？不一一细说。

落款：父亲

十二月六日，写给姜、道等。岁末渐近，深为感慨。知道你脱不开身，前几天收到了你十月的来信，知道姜等平安。寿还与此前一样身体不佳，令人担忧。最近十分寒冷。

1. 王羲之：《杂帖》，见《法书要录》卷一〇《右军书记》。
2. 王羲之：《杂帖》，见《法书要录》卷一〇《右军书记》。
3. 王羲之：《告姜道帖》，又名草书《平安帖》，入刻《绛帖》。

尺牍中的"姜"应当是王羲之女儿的爱称，她嫁给了刘畅。"道"大概是"姜"的儿子，即王羲之的外孙。"寿"肯定是与王羲之一同生活的某位家族成员。关于"寿"的消息，还可以在以下尺牍中看到：

【古文原句】

各可不? 寿以差也。吾近患耳痛，今渐差。献之故诸患，勿勿。[1]

【现代语译】

大家都还好吧? 寿的情况已经好转了。我最近耳痛，现在已经好些了。献之还和之前一样诸病缠身。

以下两通尺牍，是有关郗夫人的消息：

【古文原句】

老妇顷疾笃，救命，恒忧虑。余粗平安。知足下情至。[2]
想大小皆佳。知宾犹尔，耿耿。想得夏节佳也，念君劳心。贤姊大都转差，然故有时呕食不已。是老年衰疾久，亦非可仓卒。大都转差，为慰。以大近不复服散，常将陟厘也。此药为益，如君告[3]。

【现代语译】

老妻最近病情加重，尽管一直在祷告，还是不停担心。其他基本都还算好。你的关心我已经感受到了。

1.王羲之：《告姜道帖》，又名草书《平安帖》，入刻《绛帖》。
2.王羲之：《远宦帖》，又名《省别帖》，现藏台北故宫博物院。
3.王羲之：《知宾帖》，又名《想大小皆佳帖》，入刻《淳化阁帖》。

墨蹟與鈎摹品如形影分
子狄賞鑒家聚訟徒紛之二
帖名久擅片羽豈不真貞
觀璽紹與小璽文如新聯
當面目觀妻輕可食倫
乾隆御題

31 王羲之：《都下帖》

四表六九日告兄桓乃當

阳青九乃乆久留主塗

逗道迟至重乡蓥乃

逗乡乡等又如庸六日而

李本

溪而堇堇乃仁

您一家人应该都还好吧。知道宾仍在卧床，让人挂念。想来到夏天应该就能痊愈了吧，但估计您还是担心他。你姐姐情况大体好转了，但还是像之前那样有时呕吐。年纪渐大，因生病而身体衰弱，凡事仓促不得。情况大致在向好的方向发展，因此也算安心。大近来不再服用散药，故不得不服食陟厘丸。正如君所言，此药有效。[1]

尺牍中的"宾"指的是郗超，因为郗超字嘉宾。这封尺牍应该也是寄给郗家的。"大"可能是指王导的第五子王劲。从上述尺牍可以看出，王羲之的夫人似是经常生病。不过，或许是养生得当，郗璿比王羲之长寿得多，活到了九十岁。郗夫人是位才女，极具文学修养。在她晚年时，有人询问她：

【古文原句】
眼耳为觉恶不?
【现代语译】
您的眼睛、耳朵还好使不?

郗夫人则回答道：

1."散药"即五石散等药品，具体情况见下文"服食养生"一节。"陟厘丸"也是药品，主治"治百病下痢，及伤寒身热，头痛目赤，四肢烦疼不解，协热下痢，或医已吐下者，腹内虚烦，欲得冷饮，饮不能消，腹中急痛，温食则吐，乍热乍冷，状如温疟，或小便不利，气满呕逆，下痢不止"。见孙思邈：《备急千金要方》卷一五《五脏脏方·热痢第七》。

【古文原句】

发白齿落，属乎形骸。至于眼耳，关于神明，那可便与人隔？[1]

【现代语译】

头发变白、牙齿掉落，是肉身之事。然而眼睛、耳朵，关乎精神，哪里受得了与人相隔？

王羲之有位兄长，在父亲死后，是这位兄长养育了他，《誓墓文》中也提及此事。不过，这位兄长似乎很快就去世了，其亲属长期居住在其他地方。而这一天，他们终于来到了会稽：

【古文原句】

兄弟上下远至此，慰不可言。嫂不和，忧怀深。期等殊匆匆。燋心。[2]

【现代语译】

兄弟一家从远方来到这里，这份快乐难以言说。但是嫂子的身体不太好，令人十分担心。期等人十分懒散。让人放不下心来。

和亲属一起来到会稽的，还有故去兄长的灵柩：

【古文原句】

四月五日，羲之报。建安灵柩至。慈荫幽绝，垂卅年。

1.此段对话出自《世说新语》下卷上《贤媛第十九》。
2.王羲之：《杂帖》，见《法书要录》卷一〇《右军书记》。

永惟［崩］慕，痛彻五内。永酷奈何，无由言告。临纸摧哽。羲之报。[1]

【现代语译】

四月五日，羲之来信。兄长的灵柩自建安（今福建省建瓯市）运来了。与慈爱兄长分别，马上将近三十年了。一想起此事，心中就充满感怀，痛彻肝肠。这份悲伤永无绝期，无可奈何，无以言表。对此书信，唯有哽咽。羲之来信。

在王羲之的尺牍中，其姐姐、妹妹们也不时出现。以下尺牍展现了王羲之对即将与遥居远方的家人重逢的期盼之情：

【古文原句】

想诸舍人小大皆佳。弟摧之，可为心。且得集，目下此慰多矣。姊累告安和。梅妹大都可行。袁妹极得石散力，然故不善佳，疾久，尚忧之。想野久羔至善。分张，诸怀可云。不知其期，何时可果？[2]

【现代语译】

官舍的家中各位想来安康。承蒙您关心，感谢。大家

1.王羲之：《建安帖》，又称《建安灵柩帖》《四月五日帖》，入刻《淳化阁帖》。
2.王羲之：《杂帖》，见《法书要录》卷一〇《右军书记》。

四月五日羲之報建安靈柩

至慈蔭幽絕垂卅年永惟

慕摧絕五内水酷不能自

若臨紙摧哽更䏻言之

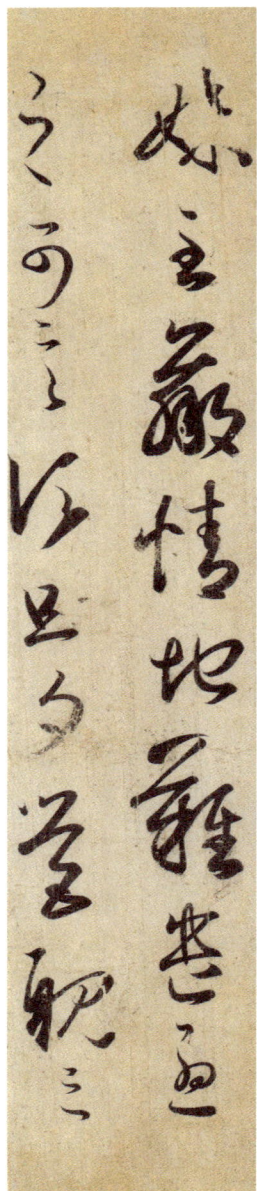

妹至羸情地難忘不可言不知何以為懷如何望卿

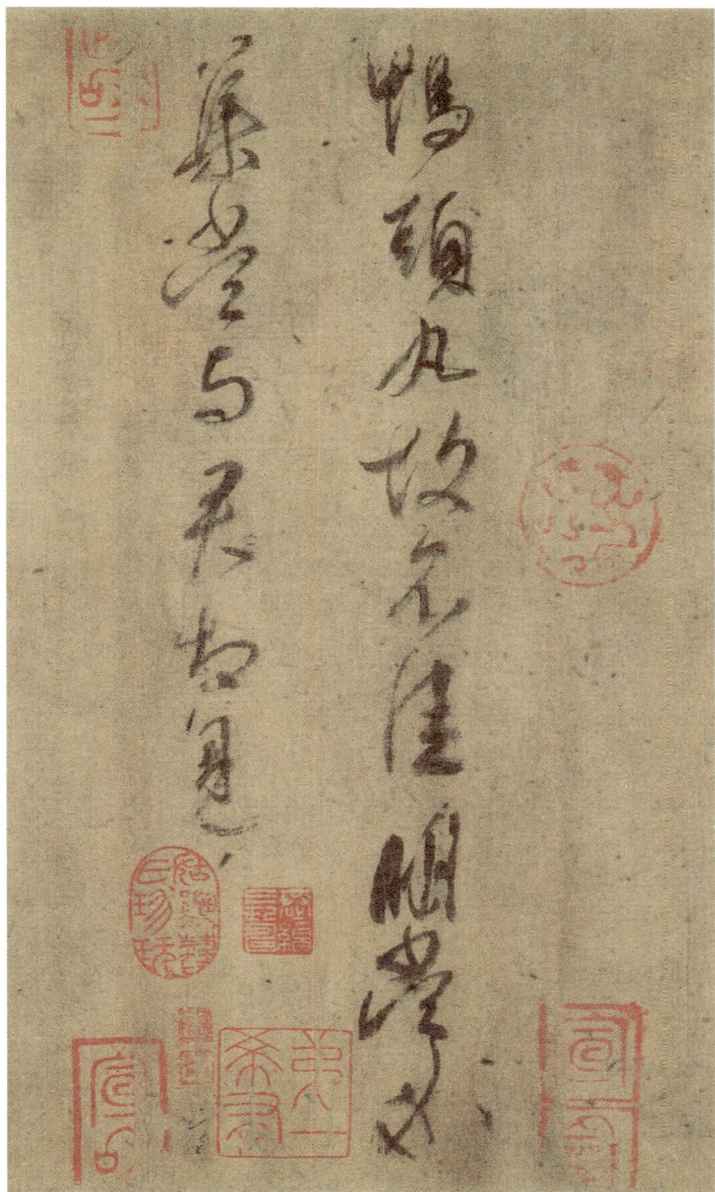

鴨頭丸故不佳明當必集當與君相見

即将相聚，眼前满是喜悦。姐姐屡屡来信，告知一切安好。梅妹应该大体还好。袁妹服用的散药很有效果，但身体依然没有好转，生病已很长时间，令人担忧。野的慢性病大概痊愈了。分别日久，心绪难以言表。什么时候能把日子定下来呢? 何时可以实现?

在尺牍中，还有王羲之儿子的妻子、保姆等女性：

【古文原句】

李母犹小小不和，驰情，伏想行平康。郗新妇大都小差。[1]

【现代语译】

李母的情况还是稍稍有些不好，令人担忧，不过应该能够逐渐好转起来。郗新妇大体好转了。

上文中的"郗新妇"是来自郗家的儿媳妇，即王献之的夫人。"李母"则是王献之的保姆，李母死后，王献之写了一方砖志。内容大体是墓志的简化版，但写在砖上，志文如下：

郎耶王献之保姆姓李，名意如，广汉人也。在母家，志行高秀；归王氏，柔顺恭勤。善属文，能草书，解释、老旨趣。年七十，兴宁三年，岁在乙丑，二月六日，无疾而卒。仲冬既望，葬会稽山阴之黄閟冈下。殉以曲水小砚，交螭方壶。树双松于墓上，立贞石而志之。悲夫! [2]

1.王羲之：《杂帖》，见《法书要录》卷一〇《右军书记》。
2.王献之：《保母志铭》，入刻《戏鸿堂帖》，据传原志南宋时出土于山阴县。该墓志作者仅作训读，故直接引用古文原句。

李母精通文章、草书，通晓释、老，即佛教、道教，是位学养深厚的女性。

"目前"之乐

如上文所见内容的王羲之尺牍还有许多。

王羲之非常关心家族成员是否安康，这既是他心地善良的一种表现，又是他作为一族之长的责任。王羲之不仅仅关心自己的儿孙，由于他的兄长——可能是他唯一的兄长——很早就去世了，因此，他也必须对这位兄长的家人们有所关照。王羲之与谢安"东游山海，并行田，尽地利"[1]，应当也是身为族长的一种职责。王家庄园的土地来源包括购买、开荒、朝廷赐予等多种。在这些土地上，可见僮仆们辛勤劳作的身影。从王羲之的生平来看，在土地、僮仆的占有上加以节制，不贪婪，只要足够维持名门王氏的体面生活即可，这是他经营家族产业的理念。此外，王羲之但凡有一点美食，就会与家人们分享。在这样温馨的家庭生活中，他找寻到了"目前"之乐。

王羲之的尺牍中反复出现"目前"，他应当是非常喜欢这个词。例如"有一味之甘，割而分之，以娱目前"[2]，"今内外孙有十六人，足慰目前"[3]。"目前"这个词，应是理解王羲之思想的关键所在。因此，本书此前对王羲之尺牍进行转写时，即便与整体文风有所不合，也特意将"目前"一词直接保留，没有意译。不过，这个词并非王羲之的发明。例如在公元三世纪的放

---

1. 王羲之：《杂帖》，见《法书要录》卷一〇《右军书记》。
2. 王羲之：《杂帖》，见《法书要录》卷一〇《右军书记》。
3. 王羲之：《儿女帖》，又名《同生帖》，入刻《十七帖》。

达诗人阮籍所作《大人先生传》中，就有"行欲为目前检，言欲为无穷则"一句。"目前"正与"无穷"相对，与"刹那"同义。不过，在由过去到未来、从无始到无终，不断悠远流逝的时间中，"目前"并非一个可以如愿摘取的切面。各种"目前"并非连续不断，其间存在深深的断裂，那些记忆的泡沫在脑海中时隐时现。由于常常要面对这些断裂的深渊，快乐也不知何时就会转为悲伤，这种不安感令王羲之害怕。相聚常为别离所拆散，生命的喜悦中常有死亡的阴影。人的一生，如果置于无穷无尽的时间中，不过是"目前"而已，死亡一直在彼端切实地等待着。正如王羲之在《兰亭序》中所言，"向之所欣，俯仰之间，已为陈迹"，"修短随化，终期于尽"。据说，晚年的王羲之曾感叹道：

【古文原句】
我卒当以乐死！[1]
【现代语译】
我最终一定会在快乐中离开人世！

这似乎让人觉得王羲之是快乐主义者。然而，与表面含义恰恰相反，从这句话中实际可以看到的，是王羲之内心中的深深不安。

王羲之十分清楚地知道，快乐不过是极为偶然之事，并且总是在"目前"结束。正因如此，他祈求快乐，执着于快乐，希望快乐能够持续下去。谢安曾对王羲之说道：

———
1.《晋书》卷八〇《王羲之传》。

【古文原句】

中年伤于哀乐，与亲友别，辄作数日恶。

【现代语译】

人到中年，悲哀、快乐都令人心痛，与亲友分别后，总是好几天都闷闷不乐。

王羲之则感慨云：

【古文原句】

年在桑榆，自然至此。正赖丝竹陶写，恒恐儿辈觉，损欣乐之趣。[1]

【现代语译】

人到老年，自然如此。即便想通过丝竹管弦来放松心情，也会担心子辈们察觉，破坏了难得的好氛围。

如上所见，本应让王羲之快乐于"目前"的儿孙们，有时候反而妨碍到王羲之的快乐。王羲之还曾说过这样一段话：

【古文原句】

迎集中表，亲疏略尽，实望投老，得尽田里骨肉之欢。此一条不谢二疏。而人理难知此，不知小却得遂本心不。交衰朽羸劣，所忧萦如此。君视是颐养之功，当有何理。今都绝思此事也。冀疾患差，末秋初冬，必思与诸君一佳集，遣无益，快共为乐，欲省补顷者之惨慽也。追寻前者

---

1. 本句及上句出自《世说新语》上卷上《言语第二》。

意事，岂可复得。且当卒目前。[1]

【现代语译】

家族中的亲疏各支大多都去世了，成为老人后，就希望每日沉浸在田园家族生活的快乐中。在这一点上，我完全不输于汉代的疏广、疏受。[2]然而，人生无常，连我的这一志向能否在未来如愿都说不准。再加上身体忽然衰老，令人心情焦虑。这样的养生法您认为有几分道理？我现在已经完全不考虑这件事情了。就等着什么时候身体好转，我想等到秋末冬初之时，必定能够与诸君愉快聚会，忘记无聊之事，一同享受愉悦，弥补近来的忧郁之情。追求如从前那样的充实，已不可得。总之，安然于目前的时光就好。

王羲之有所执着，有所沉迷，正是因为"目前"的时光近在"目前"，这种随手易逝的不安感不断地使他忧心忡忡。

生与死

乐而生悲所产生的忧思，存在于王羲之的身边，令他为之厌烦。每次与友人、家人的相见，必然以别离收场：

1.王羲之：《杂帖》，见《法书要录》卷一○《右军书记》。
2.疏广、疏受均为汉代名臣，疏受为疏广侄子。两人曾同时任职东宫，后疏广上表，以年老多病为由请求辞官，颐养天年，回到家乡后用朝廷赐给的财物设学馆。具体记载见《汉书》卷七一《疏广传》。

【古文原句】

乖离之叹，当复可言！[1]

向遂大醉，乃不忆与足下别时，至家乃解。寻忆乖离，其为叹恨，言何能喻？聚散人理之常，亦复何云？唯愿足下保爱为上，以俟后期。故旨遣此信，期取足下过江问。临纸情塞。[2]

【现代语译】

别离之悲，无以言表！

前日大醉，已完全记不得与您分别时的情况了，到家后才逐渐醒酒。细细回想分别之事，叹恨之情，无言可喻。聚散乃人世间的常态，还有什么好说的呢？请您一定要专心保养，以等待之后的机会。因此我寄这封信给您，期待您的回信渡过钱塘江而来。写下这封信，胸中无限感慨。

为了纪念与朋友的离别，为了排遣离别之愁，王羲之一个劲儿地喝酒。或许他正是想在此醉意之中，将与朋友相见的快乐永远保持下去。然而，当酒醒时，朋友已经不在了，有的只是寂寞。王羲之又写道：

【古文原句】

自新妇母子去，寂寞难言。[3]

【现代语译】

自从儿媳妇和孙子们回去后，寂寞难以言表。

---

1. 王羲之：《丹阳帖》，入刻《淳化阁帖》。
2. 王羲之：《杂帖》，见《法书要录》卷一〇《右军书记》。
3. 王羲之：《谢范新妇帖》，入刻《宝晋斋帖》。

带着孙子前来游玩的儿媳妇们，有"谢新妇"（王凝之的夫人）、"范新妇"等。[1]当她们离开，回到各自丈夫身边后，王羲之感到寂寞。此外，远胜别离的死亡对生命的背叛带来的深深悲伤也常常降临在王羲之的身上：

【古文原句】

延期、官奴小女，病疾不救，痛愍贯心。吾以西夕，情愿所钟，唯在此等，岂图十日之中，二孙夭命。愍伤之甚，未能喻心。可复如何？[2]

【现代语译】

延期与官奴（王献之）的女儿因病去世，悲痛贯穿心胸。我已时日无多，打动心扉的快乐就只有这些孙女，哪知十日不到，两个孙女就相继幼年而亡。我极为悲痛，难以承受。应该怎么办才好呢？

两位天真无邪的孙女，生命如花蕾一般含苞待放、尚未盛开，她们是王羲之无可替代的"目前"之乐。因此，他无时无刻不在感到懊恼。与两位孙女去世相关的尺牍还有许多，其哀伤之情绵绵无绝：

【古文原句】

十一月十八日，羲之顿首顿首。从弟子夭没，孙女不

1.上文原书所引尺牍不全。前缺"谢、范新妇得阙富春还，诸道路安稳，甚慰心。比日凉，即至平安也，上下集聚，欣庆也。华等佳不？"一句。"谢新妇""范新妇"的说法即出于此。
2.王羲之：《杂帖》，见《法书要录》卷一〇《右军书记》。

育，哀痛兼伤不自胜。奈何奈何。王羲之顿首。[1]

茂善晚生儿不育。痛之恻心。奈何奈何。[2]

【现代语译】

十一月十八日，羲之顿首顿首。堂弟之子幼年而亡，孙女也夭折，心中哀痛交加，难以承受。该怎么办才好呢。王羲之顿首。

茂善晚生的孩子去世了。悲痛的心情充满胸中，无可奈何。

这里的"茂善"，应就是上文中王羲之之子"延期"的夫人。

此外，与兄长灵柩一同自建安而来的嫂子，在到达三羲之家中不久后便去世了：

【古文原句】

亡嫂，居长情所钟奉，始获奉集，冀遂至诚，展其情愿，何图至此，未盈数旬，奄见背弃。情至乖丧，莫此之甚。追寻酷恨，悲惋深至，痛切心肝，当奈何奈何。兄子荼毒备婴，不可忍见，发言痛心。[3]

【现代语译】

已去世的嫂子，令人感怀不已，好不容易能够与嫂子见面，想着终于遂了一直以来心底的愿望，不料未及数十日，嫂子便很快去世了。我的一番苦心全部白费，悲惨至极。回想这些天的事情，心疼欲裂，愈发哀叹悲痛，伤彻

1.王羲之：《从子弟帖》，又名《从弟子夭没帖》，入刻《绛帖》。
2.王羲之：《杂帖》，见《法书要录》卷一〇《右军书记》。
3.王羲之：《杂帖》，见《法书要录》卷一〇《右军书记》。

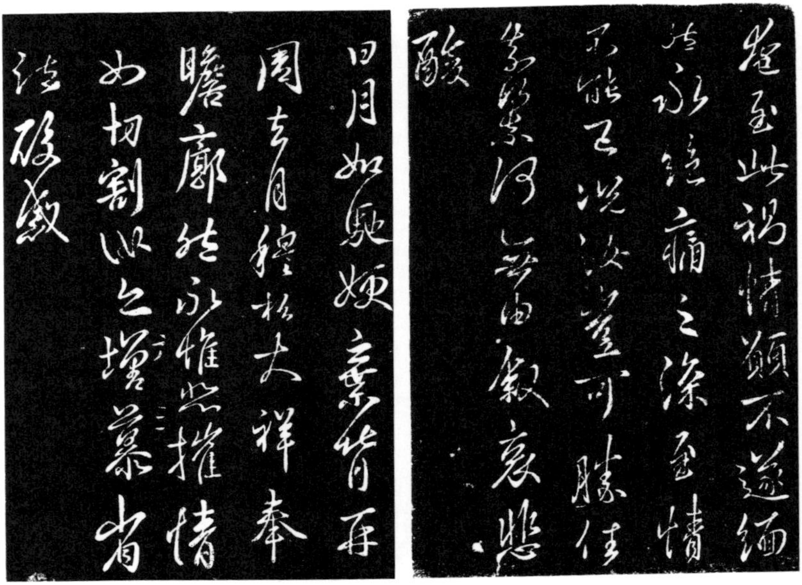

35

肺腑，不知如何是好。侄子们承担了所有的苦难辛劳，不忍见他们，一说话就感到心痛。

此外，从庾氏嫁来的儿媳妇也去世了：

【古文原句】

庾新妇入门未几，岂图奄至此祸。情愿不遂，缅然永绝，痛之深至，情不能已，况汝岂可胜任？奈何奈何。无由叙哀。悲酸。[1]

【现代语译】

庾新妇嫁入我家还没多长时间，却突然遭遇如此灾祸。愿望还没实现，她就已与我们阴阳两隔，连我都悲痛至极，思绪不尽，你又该如何承受这份痛苦呢？真是无可奈何。这份悲伤难用言语说尽。悲酸。

死亡也同样降临在王羲之挚友的身上，尤其是许询的死。对于这位比自己年轻的挚友，王羲之翘首以盼他的到来，与他共享一同吟诗、探讨哲学的快乐，乃至于写道，"迟见玄度，今

---

1. 王羲之:《奄至帖》，入刻《淳化阁帖》。

或以在道"[1]。而许询却去世了：

【古文原句】

七日告期。痛念玄度，未能□心汝。汝临哭悲恸何可言？言及惋塞。夜□市器俱不合用……昨来念玄度，体中便不堪之。[2]

殡还，恒有悲恻。[3]

【现代语译】

七日，告知期。悲痛地思念着玄度，心中一刻也停不下来。你前来参加葬礼的时候又该如何悲叹呢？感慨至极，塞于胸中。虽然买了灵柩，但都不能用。……昨日又思念起玄度，乃至于身体无法支撑。

到下葬时，再次为悲伤所击垮。

噩耗的主角许询，肯定也是"期"（即延期）等这些王羲之儿子们的朋友。在王献之的尺牍中，也有两三通传递了许询的消息。这个与儿子们年龄相仿的少年之死，必定进一步叩击着王羲之的内心。再加上许询在去世前如往常一样去王羲之家中拜访，因此甚至有人认为他猝死于王羲之家中。如果是这样的话，王羲之应该就更为之郁结了。王羲之在尺牍中写道：

1.王羲之：《杂帖》，见《法书要录》卷一〇《右军书记》。
2.王羲之：《杂帖》，见《法书要录》卷一〇《右军书记》。□为缺文。
3.王羲之：《杂帖》，见《法书要录》卷一〇《右军书记》。

【古文原句】

　　玄度先乃可耳，尝谓有理，因祠祀绝多感。其夜，便至此。致之生而速之，每寻痛惋，不能已已。省君书增酸。恐大分自不可移。时至，不可以智力救，如此。[1]

【现代语译】

　　玄度先前情况尚可，感觉可以治好，因此我向神灵祈祷，希望见效。当天夜里，就突然发生了这种状况。我刚请玄度来家中做客，他就失去了生命，每当想起此事，心中就疼痛欲裂，不知如何是好。拜读您的书信，悲伤更甚。或许命运乃上天安排，无法改变。当时辰到来，无法以智力挽救，如此而已。

　　《庄子》有云："知其不可奈何而安之若命，德之至也。"[2]意思是说，就人的智力而言，知道命运难以改变并随遇而安 是最高的道德。《庄子》的这种看法似乎引起了王羲之的共鸣，然而，即便在道理上想通了，但一旦面对活生生的现实，那无限涌起的感情任凭怎样也难以消解。毋宁说，王羲之十分珍惜这些感情：

【古文原句】

　　知以智之所无，奈何不复稍忧，此诚理也。然□之怀，何能已已乎？[3]

1.王羲之：《杂帖》，见《法书要录》卷一〇《右军书记》。
2.《庄子·人间世》。
3.王羲之：《杂帖》，见《法书要录》卷一〇《右军书记》。□为缺文。

处此而能令哀恻不经于心，殆空语耳。[1]

【现代语译】

知道了智力的无能为力，心中也就不再感到不安，的确是这个道理。然而，心中的感情无法斩断。

在如此境况下，不让哀痛之情纠缠心间，无疑是完全的谎话。

就这样，生活于人间的喜悦不断面对死亡的深渊。这份不安，令王羲之不断感到恐惧。对于事物变化的不安，也可以说是对于事相变化之间深深断裂的不安。不仅是对于人事，王羲之对于四季的变化、季节的推移也展现了一种敏感。他屡屡从心底咏叹季节的变换。恰如《徒然草》描述的那样"正因时节流转，顿觉万物触心。"[2] 如以下尺牍所见：

【古文原句】

六月十六日，羲之顿首。秋节垂至，痛悼伤恻，兼情切割。奈何奈何。[3]

七月一日，羲之白。忽然秋月，但有感叹。信反，得去月七日书，知足下故羸疾。问触暑远涉，忧卿不可言。吾故羸乏，力不具。[4]

1.王羲之：《卿女帖》，又名《尔今帖》《尔令帖》，入刻《宝晋斋帖》。
2.《徒然草》第十九段，原文为"折節の移りかはるこそ、ものごとに哀れなれ。"
3.王羲之：《杂帖》，见《法书要录》卷一〇《右军书记》。
4.王羲之：《七月帖》，现藏台北故宫博物院。

九月二十五日，羲之顿首。便陟冬日，时速感叹，兼哀伤切，不能自胜。[1]

【现代语译】

六月十六日，羲之顿首。秋天马上就要来了，痛苦悲伤的思绪扰动胸中。不知该如何是好。

七月一日，羲之敬白。秋天忽然就要到了，令人心中满是感慨。信使返回，收到了上个月七日的信件，得知您生病。天气炎热，痊愈或许还得一段时间。担忧之情难以言表。我依然身体不佳。

九月二十五日，羲之顿首。冬天很快就要到了，时间飞逝，令人感慨，加之哀伤之情不停地涌来，令人难以承受。

更不用说，在新年到来之际，王羲之的感伤之情也不由地越发高涨：

【古文原句】

初月一日，羲之白。忽然改年，新故之际，致叹至深。[2]

【现代语译】

正月一日，羲之来信。忽然之间又过了一年，辞旧迎新之际，满是伤感，难以承受。

---

1. 王羲之：《杂帖》，见《法书要录》卷一〇《右军书记》。
2. 王羲之：《杂帖》，见《法书要录》卷一〇《右军书记》。

以上尺牍中的日期自然都是农历。对王羲之而言，每当旧的季节结束，新的季节到来，都让他真实感到生命在不断消逝。通过季节变换所观察到的时间流逝，以及伴随时间流逝而渐渐接近生命终点——死亡的切实感受，都令他不安。可以说，王羲之对于季节的敏感程度正与这种不安的意识成正比。

《黄庭经》

道士许迈

　　许询死了，谢安也离开了会稽，陪伴王羲之游山玩水的挚友，似乎只剩下了许迈。许迈是修习道教者，即道士。起初，许迈和许询等人一同以隐居为志。然而，他不满足于普通的隐居生活，于是师从道士鲍靓，追寻成仙的秘诀。随之在余杭县（今浙江省杭州市余杭区）的悬霤山中不断修行。悬霤山邻近汉代茅盈、茅固、茅衷三神仙兄弟所居住的句曲山（又名茅山），茅盈等人也不时来此游访，这是其渊源所在。此外，以太湖中的洞庭山为起点，存在向四面八方放射状延伸的地下通道，可以通往遥远的修行名所五岳——即中岳嵩山、东岳泰山、西岳华山、北岳恒山、南岳霍山。而悬霤山正是这条地下通道的西门[1]。许迈在山中勤勉修行，每月的头日、十五日，必定回到句容县双亲的身边，恭问起居。双亲去世后，许迈将自己的夫人送回娘家，周游各地的名山。在桓山采集仙药时[2]，许迈三年之中仅靠服食草药为生。此外，他还修行绝断谷物，也就是所谓的辟谷术。道教认为，谷物对人的身体有害。许迈修行时，因附近有村庄，为避免诱惑，将房屋四周用篱笆围起来。如果修仙问道之徒想要拜访他，就与他们在楼上相见。许迈还掌握了名为"服气"的吐纳之术。据说他呼吸一口的效果，等于普通人呼吸千余口。永和二年（346），许迈迁居临安（今浙江省杭州市临安区）西山，同时改名为玄，改字为远游，并正式与妻子离婚。

1.《晋书》卷八〇《王羲之传》："[许迈]谓余杭悬霤山近延陵之茅山，是洞庭西门，潜通五岳。"
2.此桓山位于今浙江省桐庐县。

王羲之经常前往临安的山中拜访许迈。两人一边游山，一边在路上采摘仙药、谈论神仙之事，有时也赋诗。这些诗的主题大概与神仙相关。实际上，王羲之很早以前就是虔诚的道教徒，其家人也是如此。王羲之死后，发生了一件很有名的事情：隆安三年（399），以道士孙恩为首领的叛军进攻会稽，时任会稽内史的是王羲之的次子王凝之。王凝之对于叛军的到来，丝毫没有筹划防御的打算，只是反复祈祷，向众人云"吾已请大道，许鬼兵相助"。[1]结果孙恩的军队蜂拥而至，将之杀害。

王羲之也曾或与许询、或与宅居临海郡章安县（今浙江省临海市东南）的妹夫郗愔等人一起勤奋修行辟谷术。郗愔、郗昙兄弟亦为虔诚的道教徒，乃至于被时人戏称"二郗谄于道"[2]。

【古文原句】

自山阴南至临安，多有金堂玉室，仙人芝草，左元放之徒，汉末诸得道者皆在焉。[3]

【现代语译】

自山阴向南延伸至临海一带，金堂、玉室、仙人的灵芝数量很多。左元放等后汉时期的修仙成道者，都曾居住在此处。

1.《晋书》卷八〇《王凝之传》。
2.《世说新语》下卷下《排调第二十五》。
3.《晋书》卷八〇《王羲之传》。

正如上面这封许迈某次写给王羲之的书信中所言，位于天台山两侧的山阴县（王羲之所居）与临海郡（郗愔所居）[1]都是修行道教的绝佳地点。据说，宅居临海郡的郗愔整日埋头于抄写老子的《道德经》。而在抄经这件事上，王羲之也绝对不亚于郗愔。例如，为了获得自己中意的鹅，他就非常愿意抄写道教的根本经典《道德经》。王羲之有名的书法作品还有《黄庭经》。《黄庭经》被认为是老子所作的道教经典。王羲之所抄《黄庭经》以"上有黄庭，下有关元，前有幽阙，后有命门。嘘吸庐外，出入丹田。审能行之可长存"开头，以"常能行之可长生"结束，并记云"永和十二年五月二十四日（五），山阴县写"。[2]永和十二年（356），即王羲之成为会稽郡逸民的第二年。有一种观点认为，王羲之为了换鹅所写的并非《道德经》，而正是这部《黄庭经》。

许询病倒时，王羲之祈求许询痊愈的对象应是道教众神。[3]妻子的病情恶化时，王羲之应也是作如此祈祷。[4]此外，当嫂子在王羲之的家中去世时，他这样写道：

【古文原句】

七月十六日，羲之报。凶祸累仍，周嫂弃背，大贤不救，哀痛兼伤，切割心情。奈何奈何。遣书感塞。羲之报。[5]

1.山阴县在天台山以北，临海郡在天台山以南。
2.王羲之的《黄庭经》，现有宋、明等多种拓本流传。引文中的"五"，当为衍字，故加括号标注。原书此处的日语转写即略过该字。
3.对应前引尺牍中"因祠祀绝多感"一句。
4.对应前引尺牍中"老妇顷疾笃，救命恒忧虑"一句。
5.王羲之：《杂帖》，见《法书要录》卷一〇《右军书记》。

時念如丹前仰後卑各異門送以還丹與玄泉象龜引

氣致靈根中有真人巾金巾負甲持符開七門此非枝

葉實是根晝夜思之可長存仙人道士非可神積精所

死天相既心為國主五藏王受意動靜氣得行道自守

我精神洫晝日昭昭夜自守渴自得飲飢自飽經慮六

府藏卯酉轉陽之陰藏於九常能行之不知老旰之

為氣調且長羅列五藏生三光上合三焦道飲醴泉我

神魂魄在中央隨鼻上下知肥香立於懸雍通明堂

伏於玄門候天道近在於身還自守精神上下關分

理通利天地長生道亡孔已通不知老還坐陰陽天門

候陰陽下于嚨喉通神明過華蓋下清且涼入清冷

淵見吾形期成還丹可長生還過華池動腎精立於明

包臨丹田將使諸神開命門通利天道至靈根陰陽

黄庭経

上有黄庭下關元後有幽關前有命盧吸廬外出

丹田審能行之可長存黄庭中人衣朱衣關門壯籥

蓋兩扉幽關俠之高巍巍丹田之中精氣微玉池清水上

生肥靈根堅固志不衰中池有士服赤朱橫下三寸神所居

中外相距重閈之神廬之中務俯治玄雍氣管受精符

急固子精以自持宅中有士常衣絳子能見之可不病橫

理長尺約其上子能守之可無恙呼翕廬間以自償保守

完堅身受慶方寸之中謹蓋藏精神還歸老復壯俠

以幽關流下竟養子玉樹不可杖至道不煩不旁迕

靈臺通天臨中野方寸之中至關下玉房之中神門戶

既是公子教我者明堂四達法海源真人子丹當我前

三關之間精氣深子欲不死修昆侖絳宮重樓十二級

宫室之中五氣集赤神之子中池立下有長城玄谷邑長

視天地存童子調和精華理髮齒顏色潤澤不復白

下于嚨喉何落之諸神皆會相求索下有絳宮紫華

色藹藹在華蓋通神盧壽守心神轉相呼觀我諸神辟

除邪牌神還歸依大家至於胃管通虛無閉塞命門

候玉都壽專萬歲將有餘脾中之神舍中宮上伏命

門合明堂通利六府調五行金木水火土為王日月列宿

張陰陽二神相得下玉英五臟為主腎最尊伏於太陰

成其形出入二竅舍黃庭呼吸虛無見吾形强我筋骨

血脈盛忽恍惚不見過清靈恬惔無欲遂得生還於七

門欲大淵臝我玄雄過清靈問浅仙道與奇方頭載

白素距丹田沐浴華池生靈根被髮行之可長存三府

相得開命門五味皆至開善氣還常能行之可長生

永和十二年五月廿四日五山陰縣寫

36

子長流志安寧觀志流神三奇靈閑暇無事心太平
常存玉房視明達時念大倉不飢渴役使六丁神女
謁閑子精路可長活志室之中神所居洗心自治無敢
汗廬觀五藏視節度六府修治潔如素虛無自然道
之故物有自然事不煩垂拱無為心自安體虛無之居
在廉間寂莫曠然口不言恬惔無為遊德園積精香
璧女存作道憂柔弱獨居養性命守虛無恬惔
無為何思慮羽翼以成正扶踈長生久視乃飛去五行
蔡差同根節三五合氣要本一誰與共之升日月抱珠
懷玉和子室子自有之持無失即得不死藏金室出月
今日是吾道天七地三回相守升降五行
吾寶子自有之何不守心曉根蒂養華采眼天順地
合藏精七日之奇五連相合崑崙之性不迷誤九源之
山何亭亭中八角真人可使令蔽以絳宮丹城樓侠日月
如明珠萬歲昭非旬育期外本三陽神自來內養三神

【现代语译】

七月十六日，羲之来信。不幸屡屡发生，周嫂去世了，大贤也无法救治，令人满腔悲痛。怎么办才好呢。给您写下这封信，百感交集。羲之来信。

教团之一的太平道教团，其组织者张角即被称为大贤良师。上文中的"大贤"，或许就是指敬奉在神座上的张角，也有可能是指当时道士的一个位阶。道士不仅是开展祈祷的司祭，也时常作为医生行事。他们让病人喝下道符与灵水。甚至在当时有个笑话：郗愔患上了肠梗阻，正在束手无策之际，不得已只能请求以医术闻名的于法开来诊疗。于法开让郗愔服下调配好的泻药，于是一下子排出了好几层团在一起的道符。[1] 在王羲之的尺牍中可见如下文字：

【古文原句】

郗故病笃。无复他治，为消息耳。忧之深。今移至田舍，就道家也。事毕当吾遣信。[2]

【现代语译】

郗依然重病在身。没有什么治疗方法，身体一直衰弱。十分令人担忧。现在去了乡间，住在道士家中。打算等事情告一段落，派信使去问候一下。

---

1. 此事出自《世说新语》下卷上《术解第二十》。
2. 王羲之：《杂帖》，见《法书要录》卷一〇《右军书记》。

尺牍中说的事情大概发生在于法开给郗愔诊疗之前。此外，王献之的女儿病重时，王羲之这样写道：

【古文原句】
官奴小女玉润，病来十余日，了不令民知。昨来忽发痼，至今转笃。又苦头痈，头痛以溃，尚不足忧。痼病少有差者，忧之燋心，良不可言。顷者艰疾未之有，良由民为家长，不能克己勤修，训化上下，多犯科诫，以至于此。民唯归诚，待罪而[已]。此非复常言常辞，想官奴辞以具，不复多白。上负《道德》，下愧先生，夫复何言。[1]

【现代语译】
官奴的小女儿玉润发病已经十多天了，我什么消息都没收到。前几天，玉润突然旧疾发作，现在越来越严重了。此外，她头上有疖子，很难受。现在疖子已经破了，所以不必担心。玉润这些老毛病什么时候好，真令人揪心。对这件事情，我无话可说。以前所患难治之症，没有像这次这么严重的。这种情况，完全是由于身为家长的我，不能尽责修养自身、教育家人，犯了各种科诫，所以才变成这样。我现在只想着归心于诚德，等待审判我的罪责。这些并非日常套话，因有官奴之事，所以才详细说几句，其余的话就不多说了。我上有负《道德经》，下愧对先生，实在无言以对。

太平道，以及在东汉末年与太平道势力相当的天师道，都将人的痛苦归因于道德上的罪过。他们让希望治愈疾病的人进

1.王羲之：《官奴帖》，又被称为《玉润帖》，入刻《宝晋斋帖》。

懃脩訓化上下多犯科誡人

至於此民唯歸誠待罪而此非

復常言常辭想官奴辭

王羲之白

徐僧權
唐懷充
沈熾文

官奴小女玉閏兩來十餘日了

不令民知昨來忽發痼至今

以具不復多白上負　道德下

愧先生夫復何言

去雲浮去植以主活了

摧破覧求之重可散恋

篤之王明如及奮老失

轉篤又苦頭癰以潰尚

已憂痼病少有差憂之耀

心良不可言頃者狼疢未之

入礼拜堂忏悔。[1]忏悔结束后，道士进行祷告，同时准备好写下病人姓名、认罪内容的三通文书，将之献给天、地、水三神。东晋时代，自然沿袭了这种道法。不过，玉润的病情很重，大概没法前往礼拜堂。而更让王羲之难过的是，玉润只是位十岁不到、天真无邪的少女，真有什么需要忏悔的罪名吗？孙女的病因，一定是作为家长的自己犯了道经中被禁止的各种律条——即上文中的"科诫"。无论是面对老子的教诲，还是面对"先生"，王羲之都感到十分惭愧。[2]这里所说的"先生"，可能是指许迈。王羲之曾撰写许迈的传记，命名为《许先生传》。由于这篇文章现已不存，因此其中除了许迈的神异事迹外，还有什么具体内容不得而知。不过，有学者推测《云笈七签》一书中收录的《许迈真人传》就是《许先生传》。其理由是，一般的道士写不出《许迈真人传》这种文章。

1.作者所云礼拜堂在《三国志》等文献中称为"静室"（或"靖室"）。如《三国志·魏志》卷八《张鲁传》裴松之注引《典略》载："[张]脩法略与[张]角同，加施静室，使病者处其中思过。"此处按原书表达直译为礼拜堂。
2."老子的教诲"即上引尺牍中的"《道德》"，也就是老子的《道德经》。"先生"亦见上引尺牍。

38

太平道和天师道

如果将道教这一宗教比作棱镜的话，那么人们一定能够发现，它实际由多种要素所构成。可以说，其中既有神仙术，也包括民间的萨满教；既有老庄思想，也有化用自佛教的教义。

最早出现于历史上的道教教团是东汉末年的太平道教团与天师道教团。太平道出现于今河北省南部的巨鹿郡，教主是被称为大贤良师的张角，其所持的经典被称为《太平经》。《太平经》原本是名为于吉的人物在泉水边获得的一本神书——《太平清领书》。书中认为，如果按照天地之道，此外再按照组成宇宙的五元素，也就是木、火、土、金、水的运行之道生活，太平之世就会降临。同时，书中还有"兴国广嗣之术"的说法。所谓"兴国广嗣之术"，是指生出世子、繁荣国家之术。具体来说，就是称为房中术的男女交合之术。以上是《太平清领书》的原始内容。然而，这部书在数十年的传承过程中，又被人增添了各种新内容。新中国成立后，开始对埋没已久的《太平经》展开整理与内容分析。结果表明，《太平经》在当时的确有部分内容包含激进的革命思想。例如：

【古文原句】

或积财亿万，不肯救穷周急……与天为怨，与地为咎，与人为大仇，百神憎之。所以然者，此财物乃天地中和所有，以共养人也。此家但遇得其聚处。比若仓中之鼠，常独足食，此大仓之粟，本非独鼠有也。少内之钱财，本非独以给一人也。其有不足者，悉当从其取也。[1]

1.《太平经合校》卷六七《丁部之十六·六罪十治诀》。

【现代语译】

积累亿万财富而不肯接济穷人者……为天所怨恨，为地所惩罚，被人们视为仇敌，受到百神的憎恶。之所以如此，是因为财富乃天地和谐而成，用来养育人类。有钱财之人不过是财富偶然聚集到他们那里，仅此而已。就好像米仓中老鼠总是吃得很饱，但米仓中的粮食并非老鼠原本所有。内库的金钱财宝，本来也并不是供给天子一人所享受。只要是生活困苦者，均可从中取用。

张角现世之际，正值东汉统治集团内部反对宦官、反对与宦官结托的污浊官僚、反对豪族等士大夫的抵抗运动失败，政治极度腐败。而真正遭受损失的是农民，他们的贫困化倾向急速发展。张角要求病人忏悔罪过，喝下符文与灵水，口唱咒语，乞求神灵的宽恕。他一边用这样的方法传教，一边向贫苦农民热忱地灌输太平社会的理想。太平道的信徒迅速增加，不久就多达数十万人。张角向全国各地派遣弟子，组织了三十六个被称为"方"的教团。最终，中平元年（184），各"方"信徒一同蜂拥而起，"方"这一组织随即转变为军队。叛军用黄巾缠于头上，以为标记，因此被称为"黄巾之乱"。之所以特意选择黄色，是因为根据五行思想，汉王朝被上天赐予火德。能取代火德的是土德，土德的象征色是黄色。[1]换言之，黄巾军的目标是否定东汉王朝，建设与之相反的太平社会。惊慌失措的东汉朝廷全力镇压黄巾军，因此这一理想

1.按五德相克说，水克火。按五德相生说，火生土。东汉时期，主要流行五德相生说，因此一般认为火德之后的王朝应是土德。

最终没能达成。然而黄巾之乱给东汉王朝留下了无法恢复的深刻创伤。此后，群雄割据各地，东汉王朝有名无实，最终于公元二二〇年灭亡。

在太平道教团不断发展的前后，天师道教团逐渐向西边的汉中地区扩张。天师道教团有令信徒们各自上交五斗米的习俗，因此也被称为五斗米道。其第一代祖师是张陵，二代为张衡或张修，三代为张鲁。至第三代张鲁时，对天师道的教团组织展开了整备。教主被称为天师，信徒们被称为鬼卒。从鬼卒中选拔出祭酒，指导其他的鬼卒。天师道的信徒们聚集成多个团体，一共形成了二十四"治"，"治"就相当于太平道的"方"。"治"原本是治观，即教会，也同时有以教会为中心的教区之义。其负责人称为治头或大祭酒。东汉王朝的统治无法进入天师道教团的势力范围，信徒们在祭酒的指导下过着自治的生活。他们的第一要务是背诵五千字的《道德经》。《道德经》中描绘了一个既没有文明规训的工具，也没有战争，国与国之间哪怕鸡犬相闻也老死不相往来，百姓可以平静度过一生的小国寡民的理想社会。在天师道信徒的社会中，街道各处设置了名为义舍的免费住处，旅人可以在其中饱餐信徒提供的米、肉等。但如果旅人过度吃喝，则会受到病魔的惩罚。这些行为正是对《道德经》中理想社会的模仿。除此以外，天师道细致规定了信徒的日常生活，如春夏不能杀生、不可饮酒等。前三次犯错可以得到宽赦，超过三次则由祭酒来行刑惩罚。坦白罪行、乞求宽恕的人，需要进行劳动，修长度为一百步的道路。如上所见，天师道教团虽不像太平道教团那么激进，但在以建设理想社会为目标这一点上与之相同。不过，随着群雄中的佼佼者曹操最终成为华北霸主，张鲁宣布服从曹操的统治，信徒们的自治组织由此解散。从此以后，作为自治组织核心的"治"转移到了贵族信徒的宅邸内。这些事实反映出天师道特征的变化。

《抱朴子》与茅山派

在西晋末至东晋初的江南，有位名叫葛洪的道士。葛洪是鲍靓的女婿，师从鲍靓，与许迈是同门师兄弟。并且，葛氏、许氏家族都以丹阳郡句容县都乡吉阳里为本籍地，双方反复联姻，因此许迈和葛洪的关系大概是比较亲密的。王羲之和葛洪也应当以许迈为媒介存在某种联系。葛洪有一部名为《抱朴子》的著作。就该书的性质而言，它是一部面向道士、道教徒的修道指南。如果尝试解剖该书的结构，则可分为理论层面的相关章节与实践层面的相关章节。实践层面的章节，可以进一步分为精神锻炼——"养神"的章节与肉体锻炼——"养形"的章节。

为了锻炼身体，修道者要修习被称为"导引"的体操术，以及前文已提及的吐纳、辟谷、房中术等。此外还要服用仙药。仙药除了包括芝草、漆、桂、芝麻、槐树的果实、菊花、松脂、白术等植物，还有玉、珍珠、云母、雄黄等矿物，其中金丹是最上品。因此，葛洪在书中对炼金术、炼丹术进行了详细记述。另一方面，为了锻炼精神，必须抑制感情、欲望与智慧，专心于沉寂。这也与佛教身心脱落、坐禅三昧的立场相通。为了修行这种寂静，需要进入与世俗无交的山林。如此，通过肉体与精神的锻炼，人的体质就会变得与之前完全不同。不仅能够在天空中自由飞行，并且可以摆脱死亡，得以永生。换言之，《抱朴子》的终极主题是如何长生不老，成为永生神仙。王羲之所抄写的《黄庭经》也不时引用《抱朴子》，如"行之可长存""常能行之可长生"等叙述。

从上文极为简略的解说中可以看出，虽然同为道教，但《抱朴子》的内容与太平道、天师道存在相当大的差异。葛洪严厉地批评张角，认为他既不能实现长生不老，也不能除病祛灾，只是组织叛乱的不轨之徒。同时，葛洪还批判了符水、祈祷这类民间俗信。太平道、天师道的目标是建设以民众为主体的理想社会。相对的，《抱朴子》中是要人累积精神实践与苦行实践，以此拯救个体。这套体系被称为神仙之说。

时隔不久，对太平道、天师道以及以《抱朴子》为代表的神仙道教进行扬弃的新派别诞生了。这个新教派被称为茅山派，尊奉的经典为《上清真经》。所谓《上清真经》，是东晋兴宁二年（364）紫虚元君上真司命南岳魏夫人的神格降临杨羲时所授的神诰。杨羲将魏夫人的神诰传给许谧及许谧第三子许翙。那么，许谧是何许人也？他正是许迈的亲弟弟。茅山派与《抱朴子》一样，热衷谈论神仙术。然而与《抱朴子》旨趣稍有所不同的是，茅山派不主张苦修。例如，它反对《抱朴子》特别重视的炼金、炼丹等事。炼金、炼丹需要不计其数的费用、时间与劳动，并且结果总是徒劳无功。这种哀叹，就连葛洪自己也时不时有所流露。而在茅山派的观念中，比起炼金、炼丹等事，更为重视与心中诸神的通灵。从某种角度而言，神仙是一种精神体验。

茅山派诞生的兴宁二年（364），王羲之生命即将结束。不过，在数年乃至于数十年前，已经可以看到茅山派的原始形态。虽然一般都认为琅琊王氏是天师道的信徒，但东晋天师道已并非东汉时期的样貌。在笔者看来，王羲之所信仰的道教，在特征上与《抱朴子》、原始茅山派具有深刻的关联。

服食养生

王羲之依据道教法门，频繁服用仙药，一心追求身体健壮。这就是所谓的服食养生。他不仅在山中探寻草药，还在家里的庭院栽培：

【古文原句】

仆近修小园子，殊佳，致果杂药，深可致怀也。傥因行往，希见。[1]

【现代语译】

我最近建了一个小庭院，很不错，里面有果树、各种药草，极有风致。等您什么时候过来，请一定要来庭院看看。

此外，王羲之还托远方的朋友带来栽培植物的种子。下引尺牍是写给成都周抚的。公元三四七年桓温征蜀时，周抚立有大功，之后一直担任镇西将军、益州刺史，是蜀地的一把手。其实，周抚原本是王敦的部下，王敦战败后他逃入蛮族居住的山岳地带。不久之后，周抚被赦免，受到了王导的提拔。他是一位与琅琊王氏渊源深厚的人物。

【古文原句】

得足下旃罽、胡桃药二种，知足下至。戎盐乃要也，是服食所须，知足下谓须服食。方回近之，未许吾此志。

---

1. 王羲之：《小园帖》，入刻《淳化阁帖》。

青李

来禽

子皆囊盛為佳

果封多不生

櫻桃

日給滕

知我者希，此有成言。无缘见卿，以当一笑。[1]

【现代语译】

收到了您寄来的旃罽、胡桃药两种，足下的心意已然
了解。戎盐非常重要，它是服食的必需品，想来您考虑到
了服食必需戎盐。方回（郗愔）离我很近，但不认可我的
志向。正如《老子》所言，[2]"知我者希"。无缘见您，此信
供您一笑。

上文中出现了"戎盐"。盐作为药用，有各种用途。王羲之
接受周抚的厚意，并希望他能再多送些东西来：

【古文原句】

青李、来禽、樱桃、日给藤，子皆囊盛为佳，函封多
不生。足下所疏云此果佳，可为致子，当种之。此种彼胡
桃皆生也。吾笃喜种果，今在田里，惟以此为事，故远及足
下。致此子者大惠也。[3]

【现代语译】

青李、来禽、樱桃、日给藤，这些植物的种子都用袋

---

1. 王羲之：《旃罽胡桃帖》，入刻《十七帖》。
2. 对应"此有成言"一句，这里作者进行了意译。
3. 王羲之：《青李帖》，又称《青李帖》《青李来禽帖》，入刻《十七帖》。

子装起来比较好，用箱子装的话大概无法培育。您来信说这些都是佳果树所生种子，请试着栽培。您给我的胡桃全部长出来了。我热衷于种果树，目前宅居乡下，正以此为业，知道您身在远方，但还是要拜托您寄给我种子。您能够寄这些种子给我，我十分荣幸。

王羲之但凡听说有什么仙药，就想要尝试一番。其中自然也夹杂着相当危险之物：

【古文原句】

乡里人择药，有发简而得此药者。足下岂识之不? 乃云服之令人仙，不知谁能试者。形色故小异，莫与尝见者。[1]

【现代语译】

在采摘草药的土地上，发现了一些简牍，找到了这味药。您认识这味药不? 据说服下这味药就可以成仙，不知道有谁可以试一下。这味药的形、色都很异常，也没有人见过。

不仅是植物所制仙药，王羲之还经常服食紫石散、五色石膏散等矿物质的散药。这不单单是王羲之的个人行为，自曹魏时期哲学家何晏以来，服用名为五石散的散药在魏晋人物中就非常流行。五石散是将石钟乳、石硫黄、白石黄、紫石英、赤石脂五种矿物质混合而成、极具强烈刺激性的药物。一旦药效显现，即所谓的"散发"，就需要将药发散出来，否则体内就

---

1. 王羲之：《择药帖》，又称《乡里人帖》，入刻《淳化阁帖》。

会有毒。为了"散发"，必须来回走动，也就是所谓的"行散"。"行散"结束后随即发热，而后又感到身上发冷。但即便如此，也不能穿厚衣服或者吃暖和的食物。由于服散后只能冷食，因此五石散又被称为寒食散。不过有一个例外——可以喝温酒。关于魏晋人物对五石散的爱好，鲁迅所撰《魏晋风度及文章与药及酒之关系》一文有深入讨论。

五石散是毒性极强的药物，如果弄错一个处方，或是服食后处置不当，就会危及生命，是非常危险之物。一般认为，困扰许询的肿疾，王羲之的体弱多病，可能都与意外服用五石散有关。西晋的皇甫谧曾因服用五石散而饱受煎熬，留下了珍贵的体验、见闻记录：

【古文原句】

始服此药……昼夜不得寐，愁忧恚怒，自惊跳悸恐，恍惚忘误者。……援刀欲自刺，未及得施，赖家亲见迫夺，故事不行。

族弟长互，舌缩入喉；东海良夫，痈疮陷背；陇西辛长绪，脊肉烂溃；蜀郡赵公烈，中表六丧。悉寒食散之所为也。[1]

【现代语译】

服用寒食散后……人的精神错乱，健康大损，总伴随着悲伤、烦闷的情绪。[2]……我曾想用刀自尽，幸亏有叔母阻止，才打消了这一想法。

---

1. 两段文字均出自巢元方：《诸病源候论》卷六《寒食散发候》。
2. 此句作者为意译，与《诸病源候论》原文不完全对应。

我的堂弟长互，舌头缩到了喉咙中；东海王良夫，背上生痈成洞；陇西的辛长绪脖颈溃烂；蜀郡赵公烈一家六人去世。都是因为服用寒食散。

人们之所以不顾如此危险而大量服用五石散，是因为他们相信，在持续服用的过程中会变得身轻如燕，最后能够实现长生不老。王羲之也曾云："服足下五色石膏散，身轻，行动如飞也。"[1]而更重要的是，服用五石散与吸食鸦片、大麻一样，会给人们带来幻觉。王羲之曾在书信中坦言，为消除悲伤而服用了散药。这件事可能发生于两个孙女去世时：

【古文原句】

追寻伤悼，但有痛心，当奈何奈何。得，吾慰之。吾昨频哀感，便欲不自胜举，且复服散行之，益顿乏。推理皆如足下所诲。然吾老矣，余愿未尽，唯在子辈耳，一旦哭之。垂尽之年，转无复理，此当何益，冀小却渐消散耳。省卿书，但有酸塞。足下念故言散，所豁多也。王羲之顿首。[2]

【现代语译】

一想起这件伤感之事，便只有心痛，究竟该如何是好。收到您的来信，我安心多了。昨天，我频频感到哀伤，心里无法承受，好几天早上都服用散药来排遣，身体更加不舒服了。想来正如您的忠告所言。然而，我已是个老人家，如果说有什么未尽的愿望，唯有子孙而已，但转瞬间就因孙

1. 王羲之：《杂帖》，入刻《东书堂帖》。
2. 王羲之：《追寻帖》，入刻《快雪堂帖》。

女们的去世而哭泣。我命不久矣，健康日益恶化，服散应该也没什么效果，只是乐意稍稍行散而已。拜读您的来信，胸中满是悲伤。您能留心关怀散药之事，对我而言是极大的安慰。王羲之顿首。

有人劝说王羲之，服散有害无益。然而在深深的悲伤中，为了消解悲伤，此外大概也是为了寻求幻觉，他忍不住服食散药。王羲之就是这样一个感性大于理性的人。在幻觉中，他大概能够体验到"目前"的欢乐。或许，他还能够遨游于神仙梦境。

寓目理自陈

关于王羲之对山水的爱好，前文已多次提及。尤其是他与许迈的赏游山水之行，不远千里，足迹遍及浙东诸郡。到了晚年，王羲之腿脚不能自由活动，于是就乘舆（轿子）出行。在轿子上，王羲之也经常发病。前往若耶山时，他曾写道"乃苦舆上隐痛"[1]。即便如此，王羲之对山水的憧憬非但没有减弱，反而随着年龄的增长而愈发强烈，甚至还流露出了巡游蜀地诸山的愿望。以下两通尺牍是写给周抚的：

【古文原句】

省足下别疏。具彼土山川诸奇，扬雄《蜀都》、左太冲《三都》，殊为不备，悉彼故为多奇，益令其游目意足也。可得果，当告卿求迎，少人足耳，至时示意。迟此期，真以日为岁。想足下镇彼土，未有动理耳。要欲及卿在彼，登汶

1.王羲之：《八日帖》，入刻《绛帖》。

40 王羲之：《游目帖》

省足下別疏具彼土山川諸奇楊雄蜀都左太沖三都殊為不備悉彼故為多奇益令其遊目意足也可得果當告卿求迎少人足

晉會稽内史王羲之字逸少遊目帖真蹟

此真晉冷金紙隱隱如金棗宗之有聲與秦陳圓相類藏在襄陽得蹟錄

岭、峨眉而旋。实不朽之盛事。但言此，心以驰于彼矣。[1]

足下今年政七十耶。知体气常佳，此大庆也，想复勤加颐养。吾年垂耳顺，推之人理，得尔以为厚幸，但恐前路转欲逼耳。以尔要欲一游目汶领（岭）。非复常言，足下但当保护，以俟此期。勿谓虚言，得果此缘，一段奇事也。[2]

【现代语译】

您的另一封信已拜读。信中对您那里的山川奇观介绍是如此详细，乃至于扬雄《蜀都赋》、左太冲《三都赋》都无法与之相比，您那里的稀奇景色可谓多矣，前去游览的心情愈发强烈。如果能够成行，一定很高兴地拜托您来迎接我，少数几人就足够了，等时机到来，我会告知您。我焦急地等待能够前来游玩的时机，真有一日千秋之感。您是当地长官，应该尚无让您转任他地的消息。您在蜀地期间，我务必要登上汶岭、峨眉山，巡游各处。此真乃不朽之盛事。在此将我的心意传递给您。

您今年正好七十岁了吧。知道您身体一直康健，此乃大庆之事，也请您一定要万分注意保养。我马上也要六十岁了，想来人的寿命能到此岁，已是十分幸福，但是一想到暮年日尽，还是非常不安。因此，我想着务必要来游览汶岭。这不是客套话，请您一定要自我爱惜身体，等待时机的到来。您千万别认为这是玩笑话，如果能达成此缘分，真是一件快事。

1.王羲之：《游目帖》，又名《蜀都帖》《彼土帖》，入刻《十七帖》。日本安达万藏曾藏有《游目帖》摹本，一九四五年毁于战火，后由中国文物出版社与日本二玄社合作复原。今所见摹本即此版本。
2.王羲之：《七十帖》，入刻《十七帖》。

孙绰在《兰亭集》的后序中，对醉心山水的理由曾作如下说明：

> 情因所习而迁移，物触所遇而兴感。故振辔于朝市，则充屈之心生；闲步于林野，则辽落之志兴……屡借山水，以化其郁结。[1]

人的心境会随着习惯、环境等事而变化。俗语有云，人在俗世，心情压抑；游山玩水，心情豁达，可消内心郁闷。并且我们已然知晓，王羲之曾赞颂山水，"足以极视听之娱，信可乐也"，"寥朗无涯观，寓目理自陈"。[2]对于王羲之而言，山水自然，首先是让人感受到视听之愉悦。这种愉悦感，是众多愉悦感中最值得享受的一种。王羲之还领悟到，映入眼帘的一草一木都有"理"之所在。与以"空"为说，主张"色即是空"的佛教立场不同，王羲之尊重"色"——即一切现象。他切实地尊重代表一切有形东西的"色"，换言之，他尊重能够激发视听感觉的现象、能够代表眼前所见万物的"色"。这正是王羲之倾心于道教而非佛教的理由所在。

与王羲之不同，琅琊王氏家族中不少人信奉佛教，有些甚至出家成为沙门。据说，住在剡县仰山的释道宝为王导之弟，同样居于仰山的竺道潜则是王敦之弟。王羲之在与支遁的交往中，也时常聆听佛教的教诲，故而对于佛法应是大致理解，甚至较为精通。某次，他还特意前往始丰（今浙江省天台县）赤

---

1. 孙绰：《三月三日兰亭诗序》，收入欧阳询：《艺文类聚》卷四《岁时部·三月三日》。该段作者仅作训读，故直接引用古文原句。
2. 两句分别出自前引王羲之《兰亭序》《兰亭诗二首·其二》。

城山拜访致力于禅修的竺昙猷。但王羲之最终没有尊奉佛教，而是一直热忱地信仰道教。以下引用的一通尺牍可能是王羲之写给郗超的。与其父郗愔不同，郗超信仰佛教，并撰写了可称为佛教入门书的《奉法要》。

【古文原句】

省示。知足下奉法转到胜，理极此。此故荡涤尘垢，研遣滞虑，可谓尽矣，无以复加。漆园比之，殊诞谩如不言也。吾所奉设教意政同，但为形迹小异耳，方欲尽心此事，所以重增辞世之笃。今虽形系于俗，诚心终日，常在于此。足下试观其终。[1]

【现代语译】

收到您的书信。知道您信奉佛法日益虔诚，对佛法的理解深入至极。不用说，佛法可以洗刷心中污尘，一扫心中芥蒂，以此贯彻到底，无复可言。与佛法相比，庄子的理论也不过是马马虎虎。[2]我信仰的道教教义中的意趣，与佛法几乎一致，只不过外在表现稍有差异，我之所以热衷道教，是为了日益坚定隐居遁世的诚意。目前我虽身在俗世之中，却无时无刻不诚心诚意，将此置于心中。我最终会如何，请您一定拭目以待。

1.王羲之：《杂帖》，见《法书要录》卷一〇《右军书记》。
2.庄子指上文中的"漆园"，取庄子曾作漆园小吏的典故，作者这里进行了意译。

王羲之认为，道教与佛教最终是一致的。尽管如此，他还是无法尊奉佛教。为何如此？当时知识阶层所喜爱的读物《维摩经》云："色即是空，非色灭空，色性自空。"意为色就是空，色灭后不能成空，色本身自然是空。此外，支遁还发表了名为《即色游玄论》一文，其中论曰："夫色之性也，不自有色。色不自有，虽有而空。故曰色即为空，色复异空。"[1]"色"并非实际存在，只是一个假象。正因为"色"是假象，所以才成为真实存在的"空"、万物本原的"空"。"即"意为等同。因此，"色即是空"也可以说成"空即是色"。事实上，《般若经》中就有"色不异空，空不异色，色即是空，空即是色"之说。不过，王羲之时代的佛教信徒认为"色"的世界是假象，他们为了复归真实的"空"而否定"色"，倾向于否定"色即是空"。至少在他们看来，先认可佛法之"现成"[2]，而后可观山川草木。然而，王羲之却认为"寓目理自陈"[3]。乐在转瞬间化而为悲、生化而为死的不安，令他害怕不已。也正因如此，他无比珍惜"目前"的快乐、"目前"的生命，无限地眷恋"色"。换言之，王羲之早就站在了"色即是空"的立场上。

窃造化之机

不过，王羲之并不谈论"空"，而是谈论"理"。他所说的"理"，指造化之理。造化之理贯彻于世间万物之内，它们是"理"的实在表现。的确，自然和人一样，其存在是无常的。如果用草木来比喻，它们会发芽、开花、枯萎，一切都在变化

1.《世说新语》上卷下《文学第四》刘孝标注引。
2.现成，佛教用语，意为自然出现于眼前的事物本真状态。
3.王羲之：《兰亭诗二首·其二》。

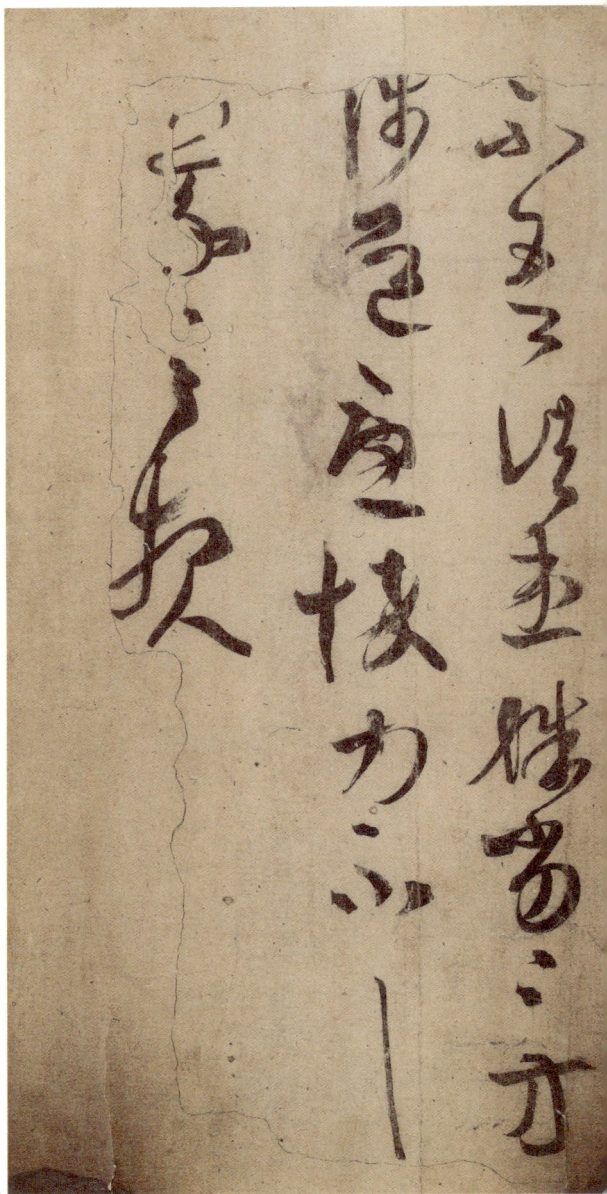

不自十一月四日出塘歡

二十五出進民去復

巧農人不孤出老所

一此君得言道十六日

分至善書之事之畫

42 王羲之：《寒切帖》

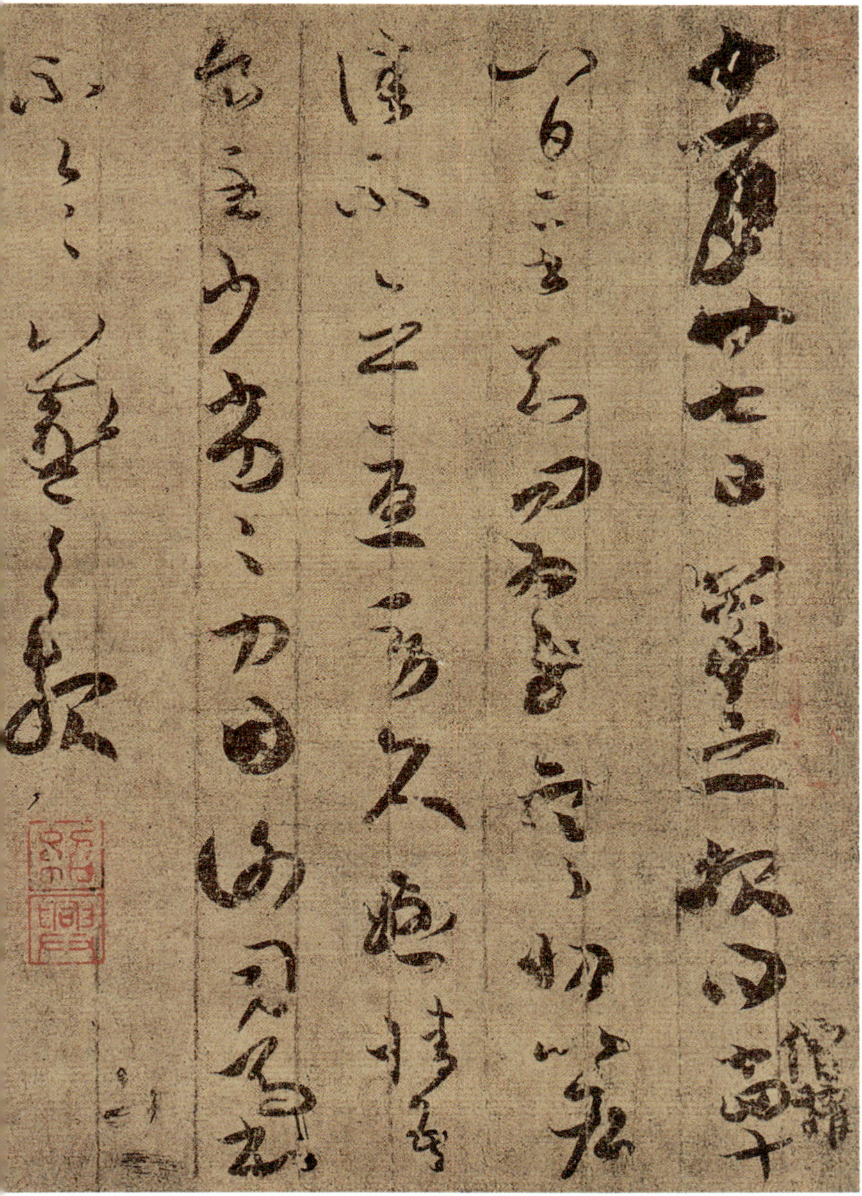

42

的状态中。不过，随着岁月的增长，草木顺应天地运行、四季推移，不断重复着切实而又合乎规则的变化，持续永远的循环。在这一过程中，鲜活的生命感就仿佛脉搏一般。那么，人类又是如何？据王羲之的说法，人是"终期于尽"[1]的存在，又是"目前"的存在，在生、老、病、死的过程中仅存在一次。不止如此，人还时常死于非命，无法寿终正寝。王羲之不信奉佛教教义，与轮回转生之说完全无缘，故而不会相信来世的存在。据说，轮回转生本就是涅槃之前的迷茫阶段，意味着深深的痛苦与绝望。有一部分中国人相信轮回转生能够让灵魂不灭，不灭的灵魂寄宿在新的肉身上，就能够保证生命有来世。不过，这种永生的希望属于偷换概念，王羲之肯定不相信这种基于误解的乐观主义阐释。

然而，当生命有限的人类置身于处在无限时间长河中的山水自然时，时间长河停止、身心俱忘、本我与自然的对立消失，就能够呼吸到不断生成的自然节奏。孙绰在《游天台山赋》中所云"浑万象以冥观，兀同体于自然"[2]，指的就是这种忘我状态，即本我与万象融为一体，达成与自然的神秘同一。对孙绰而言，这种忘我状态就是真正的神仙之境。晚于王羲之、孙绰约半个世纪的宗炳（375—443），因老病而无法游山玩水，于是把曾经游历过的诸名山画在墙上，坐卧相对。宗炳在《画山水序》中有言：

山水以形媚道。[3]

1.王羲之：《兰亭序》。
2.萧统编：《文选》卷一一《赋·〈游天台山赋〉》。
3.张彦远：《历代名画记》卷六。该句作者仅作训读，故直接引用古文原句。

这句话是说，山水通过感官上的明艳来切近形而上的"道"。此外，宗炳又称山水"畅神"，即精神上自由自在的一种活动。他在另一篇文章中还写道："夫精神四达，并流无极，上际于天，下盘于地。"[1]如宗炳所言，人在面对山水时，精神就开始自由自在地活动。

岛田虔次在《朱子学与阳明学》（岩波书店，一九六七年）一书中，曾引用北宋哲学家程颢评价神仙道教的一句话：

> 窃造化之机。[2]

此外，岛田虔次还引用了南宋道士俞琰所言：

> 人在天地间，不过天地间一物耳。以其灵于物，故特谓之人，岂能与天地并哉。若夫窃天地之机，以修成金液、大丹，则与天地相为终始，乃谓之真人。[3]

岛田氏所作现代语译文为：

> 人类不过是天地之间的一"物"而已。因较之他物更具灵性，故称为"人"，但绝非与天地并立的存在。然而，

1.宗炳：《明佛论》，见大正新修《大藏经》第五十二册。
2.程颢、程颐撰，朱熹编：《二程遗书》卷一八，上下文为："又问：'扬子言圣人不师仙，厥术异也。圣人能为此等事否？'曰：'此是天地间一贼。若非窃造化之机，安能延年？使圣人肯为，周孔为之久矣'。"该句作者仅作训读，故直接引用古文原句。
3.俞琰：《周易参同契发挥》卷上《金砂入五内雾散若风雨》。

如果人类窃取天地之机，成功制作出金液、大丹，那么就与天地同等，即所谓的真人。

俞琰这段话以最简要、最直接的语言点出了道教的精髓所在，那就是真人等同于神仙。葛洪相信，金丹才是仙药中的上品，并在《抱朴子》一书中引述《黄帝九鼎神丹经》云：

【古文原句】

虽呼吸、道引，及服草木之药，可得延年，不免于死也。服神丹令人寿无穷已，与天地相毕，乘云驾龙，上下太清。[1]

【现代语译】

行呼吸术、体操术，以及服用草根、树皮等物，虽然可以延年，但不能避免死亡。而服用神丹，则令人的寿命无穷，与天地同长久，乘云彩、驾苍龙，上下太虚。

葛洪之所以这么说，是因为他笃信金丹具有"烧之愈久，变化愈妙"[2]的性质。易言之，金丹通过窃取造化之机，将千变万化、无穷无尽的"理"凝聚其中，它含有无限生成变化的自然生命力。《老子》之所以被认为是道教的根本经典，也是因为书中有许多关于自然灵妙、不可思议的生命力，尤其是生育能力的叙述。如《道德经》所言：

1.《抱朴子·内篇》卷四《金丹》。
2.《抱朴子·内篇》卷四《金丹》。

> 谷神不死，是谓玄牝。
>
> 玄牝之门，是谓天地根。
>
> 绵绵若存，用之不勤。

福永光司（《老子》，朝日新闻社，一九六八年）的现代语译文为：

> 谷间的神灵永远不灭，被称为玄妙不可思议的雌性。
>
> 玄妙不可思议的雌性阴门，就是孕育天地的生命根源。
>
> 自太古以来绵绵长存，那不知疲倦的不死之身啊！

此外，《道德经》第五章将天地自然的作用比作"橐籥"，即风箱。一种本身空洞，却能汲取无限能量的风箱。王羲之在万物中所见的"理"，恐怕就是这样生成变化、绵绵不绝的自然生命力。并且他应当也与孙绰一样，在山水中达成了与造化之理的神秘同一，以遨游神仙之境为追求。

天然与工夫

据《世说新语》记载，世人对王羲之容貌的评价是"飘如游云，矫若惊龙"[1]——轻盈如飘荡之云，矫健如昂首之龙。但在《晋书》中，这句话并非评价王羲之的相貌，而是用来评价王羲之的书法。那么，游云也好、惊龙也好，《晋书》究竟表达了王羲之书法怎样的特点？

如果阅读六朝隋唐的书论，就会发现两种不同的说法。要

1.《世说新语》下卷上《容止第十四》。

言之，可注意到作者在很多情况下都是从天然、工夫这两个方向来展开评论。所谓天然，就是自然。而所谓工夫，就是人工。例如下引王僧虔《论书》所见：

【古文原句】

宋文帝书，自谓不减王子敬。时议者云："天然胜羊欣，功夫不及欣。"

孔琳之书，天然绝逸，极有笔力，规矩恐在羊欣后。[1]

【现代语译】

当时的评论家认为，宋文帝的书法在天然程度上不逊于羊欣，但功夫程度不如羊欣。

孔琳之的书法，天然超群，富有笔力，但在规矩上不如羊欣。

关于王羲之书法的评论也不例外。萧梁庾肩吾在《书品论》中，将自古以来的书法家从上品到下品共分九品，其中位于上上品列的是张芝、钟繇、王羲之三人，具体评论如下：

【古文原句】

疑神化之所为，非世人之所学，惟张有道（张芝）、钟元常（钟繇）、王右军（王羲之）其人也。张工夫第一，天然次之，衣帛先书，称为草圣。钟天然第一，工夫次之，妙尽许昌之碑，穷极邺下之牍。王工夫不及张，天然过之；天然不及钟，工夫过之。[2]

1.两句均出自张彦远：《法书要录》卷一《齐王僧虔〈论书〉》。
2.张彦远：《法书要录》卷二《梁庾肩吾〈书品论〉》。

【现代语译】

张有道（张芝）、钟元常（钟繇）、王右军（王羲之）三人的书法，令人怀疑是神迹，非常人所能够模仿。张芝工夫第一，天然其次，其书法均书写于衣帛上，可称为草圣。钟繇天然第一，工夫其次，其书法之妙在许昌的石碑、邺城时代的尺牍中得以充分发挥。王羲之虽工夫不及张芝，但在天然上胜之；虽天然不及钟繇，但在工夫上胜之。

如上所见，庾肩吾将王羲之之前被列为神品的东汉张芝、曹魏钟繇书法，视为王羲之本人也应当加以尊敬、认可的先贤之作。而王羲之的观点是：

【古文原句】

吾书比之钟、张当抗行。或谓过之。张草犹当雁行。张精熟过人，临池学书，池水尽墨。若吾耽之若此，未必谢之。后达解者，知其评之不虚。吾尽心精作亦久，寻诸旧书，惟钟、张故为绝伦。其徐为是小佳，不足在意。[1]

【现代语译】

我的书法与钟繇、张芝的书法不相上下。也有人认为我胜过他们。至少我的草书不逊于张芝。据说张芝书法之精熟倍于常人，在水池边练习书法，池中水都黑了。如果我也像张芝一样勤于练习书法，未必不如他。后世能够深刻理解书法者，就会知道我这一评价并非虚言。我从很早开始也专心创作，研究古来书法，钟繇、张芝无疑是其中出类

1.张彦远：《法书要录》卷一《晋王羲之〈论书〉》。

尚書宣示孫權所求詔令所報所以博示
逮于卿佐必冀良方出於阿是芻蕘之
言可擇郎廟況繇始以疏賤得為前恩橫
所盻睨公私見異愛同骨肉殊遇厚寵以至
今日再世榮名同國休戚敢不自量竊致愚
慮仍日達晨坐以待旦退思鄙淺聖意所
棄則又割意不敢獻聞深念天下今為已平
權之委質外震神武度其拳拳無有二計高

43

拔萃者。至于其他人的书法，只是稍好而已，不值得关注。

另外，还有件与张芝相关的逸事。王羲之的书法一开始远不如庾翼、郗愔等人，直到晚年才焕然一新。某次，王羲之以张芝得意的章草体给庾亮写了一封信，庾亮之弟庾翼看后深为叹服，于是去信王羲之，写下这样一段话：

【古文原句】

吾昔有伯英章草十纸，过江颠狈，遂乃亡失。常叹妙迹永绝，忽见足下答家兄书，焕若神明，顿还旧观。[1]

【现代语译】

我曾有张芝的章草十余帖，迁往江南时，由于事态混乱，全部遗失了。我时常感叹，如此精妙的书法就这样永远消失了，但突然看到您写给家兄的回信，字迹耀眼、仿佛神明，我似乎一下子就看到了那些曾经遗失的作品。

不过，对于庾肩吾基于天然、工夫的张、钟、王三者优劣论，不应该从字面意思去机械理解。恰当的理解，应该是张芝的工夫与钟繇的天然，在王羲之的书法中达到了完美的和谐。

1.《晋书》卷八〇《王羲之传》，"伯英"即张芝，张芝字伯英。

尽管无论是庾肩吾，还是王羲之自己，都认为王羲之的"工夫"不如张芝。不过，也有人提出了相反的判断。在萧梁虞龢的《论书表》中记载了羊欣的如下看法：

【古文原句】

羲之便是小推张……张字形不及右军，自然不如小王（王献之）。[1]

【现代语译】

王羲之对张芝的书法稍稍推崇……张芝的字形不如右军（王羲之），自然不如小王（王献之）。

毋庸赘言，天然（natural）与工夫（artificial）是完全对立的概念。但即便如此，若能充分具备两者，并且适当融合，达成一种和谐，也就形成了作为艺术的书法。那么，这意味着什么？所谓工夫，是运笔，是字形，最初需要效仿他人。王羲之曾学习卫夫人的书法，又受到父亲王旷、叔叔王廙的亲炙，这些都属于工夫的范畴。而效仿的终点，是效仿自然、效仿造化。按程颢所言，就是"窃造化之机"[2]。通过笔、纸、墨，窃取自然无穷无尽的生命力与韵律。正如唐代张怀瓘在《书断》中评价王羲之的书法云：

【古文原句】

尤善书，草、隶、八分、飞白、章、行，备精诸体，

---

1. 张彦远：《法书要录》卷二《梁虞龢〈论书表〉》。
2. 程颢、程颐撰，朱熹编：《二程遗书》卷一八。

自成一家法，千变万化，得之神功，自非造化发灵，岂能登峰造极。[1]

【现代语译】

草书、隶书、八分、飞白、章草、行书等书体，王羲之没有不精通的，他自成一派，千变万化，领悟了神之技法，如果不是造化激发出如此灵气，是无法如此登峰造极的。

此外，孙过庭也同样在《书谱》中评价王羲之书法云：

【古文原句】

阳舒阴惨，本乎天地之心。[2]

【现代语译】

阳气温和、阴气哀痛，基于天地之心。

这也是说王羲之书法中的"自然"。由此我们可以看出王羲之的山水爱好、道教信仰与其书法之间的关系。

人工总是尽量接近天然，在其极致，两者的距离便完全消失，浑然一体。到那时，也可以说天然已经接近人工了。用奥斯卡·王尔德（Oscar Wilde）的话来表达，那就是"艺术不是模仿自然，而是自然模仿艺术"[3]。此外，张怀瓘也在《书断》中写道：

---

1. 张彦远：《法书要录》卷八《张怀瓘〈书断·中〉》。
2. 孙过庭：《书谱》，草书帖，现藏台北故宫博物馆。
3. 原文为 "Life imitates art far more than art imitates life"。出自：O.Wilde, "The Decay of Lying", in O.Wilde, *Intentions*, New York: Brentano's, 1891, p.39。

【古文原句】

惟书之不同，可庶几也。故得之者先禀于天然，次资于功用。而善学者乃学之于造化，异类而求之。固不取乎似本，而各挺之自然。[1]

【现代语译】

在书法中，应当追求不尽相同的姿态。故而领悟此点的人先有天然禀赋，而后依靠功用。善于学习者以造化为师，以求触类旁通。无需赘言，这种学习不追求与范本的形似，而是各自追求通透自然的境界。

行文至此，我不由想起松尾芭蕉的名言：

顺从天地自然，回归天地自然之根本。（《笈之小文》）[2]
松之事向松学习，竹之事向竹学习。（《三册子》）[3]

六朝隋唐人对于自然、人工的思考内容，大概与此相近。不过，王羲之本人是否意识到上述理论而以此展开创作，另当别论。其实，如果王羲之脑海中真有这些理论，其书法或许反而会沦为纯粹的人工。天地自然是自然，"自也而然"[4]之物、人为之物是自然，人类本真的情感、自然情愫也是自然。在"松

1.张彦远：《法书要录》卷七《张怀瓘〈书断·上〉》。
2.原文为："造化に従ひ、造化にかへれ。"此处根据井本农一等人的日文现代语译文译出。参见松尾芭蕉著，井本农一等校译：《松尾芭蕉集》，小学馆，一九九七年，第四十六页。
3.原文为："松の事は松に習へ、竹の事は竹に習へ。"见木藤才藏、井本农一校注：《连歌论集俳论集》，岩波书店，一九六一年，第三百九十八页。
4.《庄子·齐物论》。

之事向松学习，竹之事向竹学习"一句后，松尾芭蕉接着说道：

> 所谓学习，是指深入对象之中，察觉其征兆，引发感动之情，由此自可吟得诗句。对于某物，即便描述贴切，但若诗句并非出于从物中自然而生之情，则物、我两分，没有诚挚情感。以我的私见，这种诗歌乃矫揉造作之物。（《三册子》）[1]

就国别、时代而言，书法、俳句并非同类。但作为艺术，两者的精神是相通的。世人用"游云""惊龙"所要形容的，大概就是如这般效仿自然的王羲之书法。如前引《黄帝九鼎神丹经》中所云："乘云驾龙，上下太清。"云与龙，是神仙的象征。

结语

终于，王羲之也走到了生命的尽头。服食养生也不再有效果。确实，服食养生令王羲之的身体变得强壮了一些。此外，有时也会给予他遨游神仙之境的幻觉。不过，他热衷于服食养生，究竟是抱着怎样的期待呢？

【古文原句】

服食而在人间，此速弊分明。且转衰老，政可知。[2]

1.原文为："習へと云ふは、物に入てその微の顕れて情感るや、句となる所也。たとへ物あらはに云出ても、そのものより自然に出る情にあらざれば、物と我二つになりて其情誠にいたらず。私意のなす作為なり。"见木藤才藏、井本农一校注：《連歌論集俳論集》，岩波书店，一九六一年，第三百九十八至三百九十九页。
2.王羲之：《服食而在帖》，又名《服食帖》，入刻《晋宝斋帖》。

不去人间，而欲求分外，此或速弊，皆如君言[1]。

【现代语译】

一边服食一边置身于俗世人间，显然会招致弊害。加之我年岁渐老，对此事更是完全理解。

不远离世俗，而寻求分外，则会招致弊害，此正如您所言。

所有人都有"分"内的寿命，在此之外者，则属"分外"。许询去世时，王羲之曾说"恐大分自不可移。时至，不可以智力救"[2]。他还说过"有始有卒，自古而然"[3]，人皆"终期于尽"[4]。

随着年岁增长，即便拥有智慧，诸事亦无可奈何。对于这一点，王羲之在理性上是能够理解的。然而，他无法向庄子那样"一死生"。[5]王羲之认为，"死生亦大矣！"[6]——死与生正是重要的问题。他始终执着于生，恐惧死亡。但尽管如此，王羲之还是无法完全抛却世俗成为职业道士，因为道士的生活可谓"艰矣"[7]。他热爱着与朋友的交往，热爱着子孙绕膝的家庭生

1.王羲之：《转佳帖》，入刻《绛帖》。
2.王羲之：《杂帖》，见《法书要录》卷一〇《右军书记》。该句作者仅作训读，故直接引用古文原句。
3.王羲之：《杂帖》，见《法书要录》卷一〇《右军书记》。该句作者仅作训读，故直接引用古文原句。
4.王羲之：《兰亭序》。该句作者仅作训读，故直接引用古文原句。
5.庄子认为，生死是自然之理，"形变而有生，今又变而之死，是相与为春秋冬夏四时行也"（《庄子·至乐》）。王羲之反对庄子的看法，在《兰亭序》中写到"固知一死生为虚诞"。
6.王羲之：《兰亭序》。
7.语出前引王羲之与谢万尺牍。出自王羲之：《杂帖》，见《法书要录》卷一〇《右军书记》。

活，直至生命结束的最后一刻都没有远离俗世。

据说，王羲之知道自己命不久矣，于是邀请杜子恭前来。杜子恭是天师道的道士，在名士中信徒众多。当时，杜子恭私下对弟子透露：

【古文原句】

右军病不差，何用吾。[1]

【现代语译】

右军的病已经治不好了，我无能为力。

十余天后，王羲之就此长眠。据鲁一同所撰《王右军年谱》，时为东晋哀帝兴宁三年（365），王羲之享年五十九岁。

1.李昉编：《太平御览》卷六六六《道部八·道士》。

王羲之

对其内在的探寻

附篇一　读《丧乱帖》

王羲之的真声——《丧乱帖》与《孔侍中帖》

　　早在日本王朝时代，王羲之的书迹就已经传入东瀛。[1] 开创平安京的桓武天皇御府中所藏《丧乱帖》与《孔侍中帖》流传至今，就是证据所在。[2] 然而，包括上述两个法帖在内，今天我们能看到的王羲之书迹无一例外皆非真迹，而是摹本。不过在这些摹本中，也有一些神品，能够让人感受到王羲之真迹的光与影。它们是书法家所渴望、仰慕的对象。对于书法完全不熟悉的我，也对其精巧的运笔之美一见钟情，不由得感动。当然，对于王羲之的书法本身，我是没资格说三道四的。所谓《丧乱帖》，是由《丧乱帖》及其后的《二谢》《得示》二帖拼合而成，共有三帖。此外，《孔侍中帖》也由三帖构成：具体为《哀祸帖》，可见孔侍中人名的《九月十七日帖》，以及《忧悬帖》。无论是《丧乱帖》还是《孔侍中帖》，内部三帖之间都很难找到字面意义上的关联。一般认为，由于它们都是王羲之的书迹，且绝美异常，因此被适当地缀合在一起。此点暂且不论。这些尺牍上所写的文字，是能够剖析王羲之内心微妙的珍贵材料。例如《孔侍中帖》的第一帖《哀祸帖》写道：

1.日本的王朝时代指日本帝王、天皇亲政，直接掌握权力的时代。一般包括奈良、平安时代，有时也特指平安时代。
2.现藏日本宫内厅。

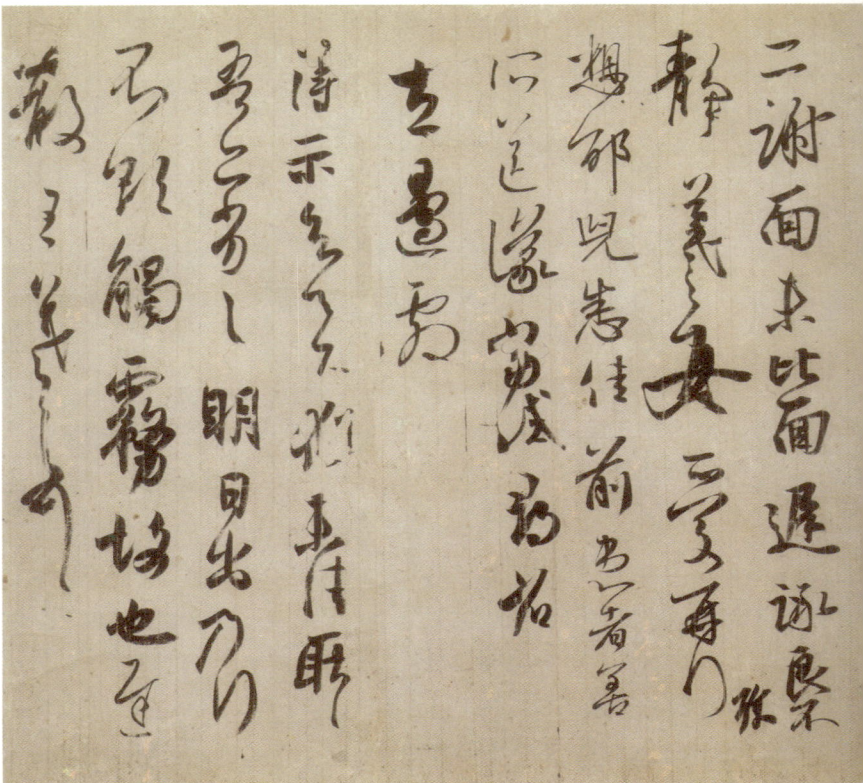

二謝面未比面遲詠良不
静羨　　三　　再行
想邪兒　　佳前　　　　
　　　　　　　　　

告　　　

得示　　　　　推　　眠
足下　　　明日出乃行
不知　　霧　　也至

義之頓首喪亂之極

先墓再離荼毒追

惟酷甚號慕摧絶

痛貫心所肝當奈

何雖即脩復未獲

奔馳哀毒益深奈

何奈何臨紙感哽不知何言

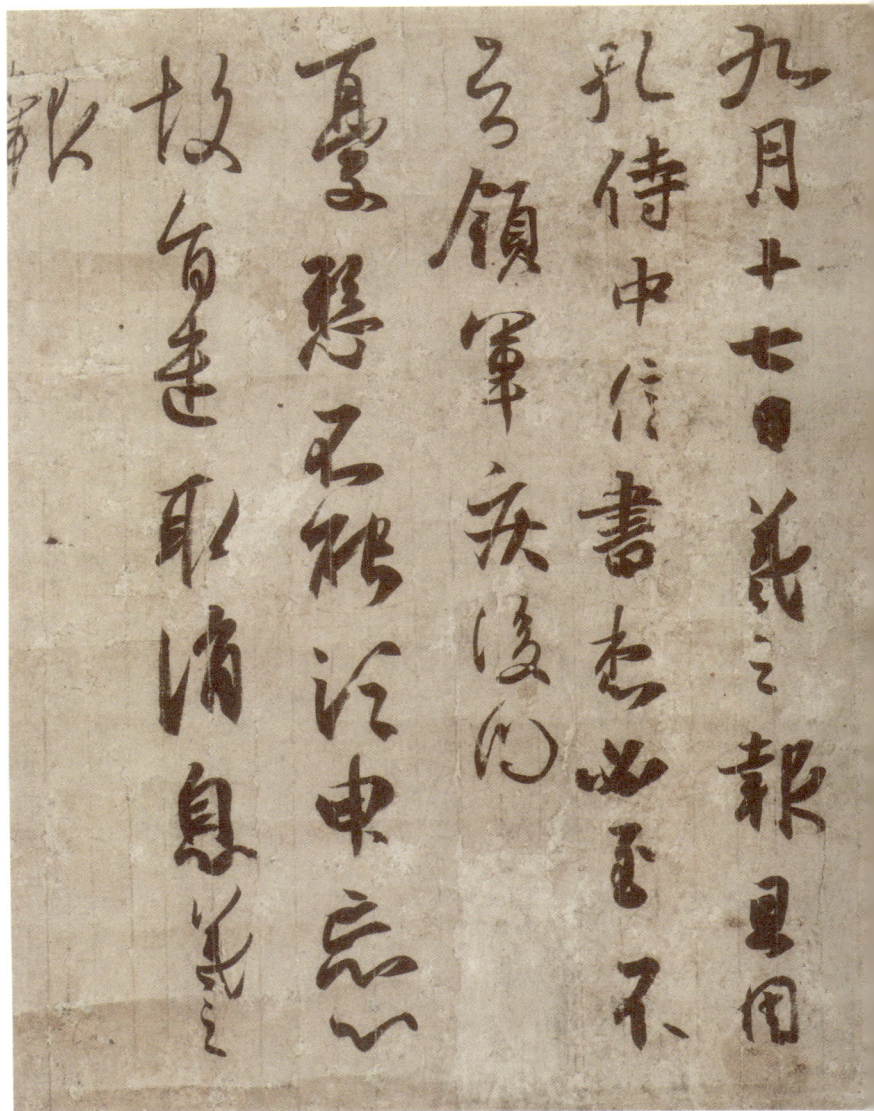

九月十七日羲之報且因

孔侍中信書示必至不

云領軍疾後問

憂懸不能去心

故旨遣取消息嫉

報

頗有氣裙以撍切
割不絕自朕手至
叼以至擾威

频有哀祸。悲摧切割，不能自胜。奈何，奈何。省慰增感。[1]

王羲之究竟遭遇了什么事情，具体情况不明。然而，从这封尺牍中却能深深体会到王羲之为多重非比寻常的不幸所打垮的样态。尺牍的最后一句话说道："得到您的安慰，心情反而更加悲伤。"而以"丧乱之极"为开头的《丧乱帖》，虽然只有六十余字，但文笔流畅，内容也与王羲之当时的时代状况关系密切，令作为历史学者的我感到兴趣无穷。此外值得庆幸的是，还有几通相关的王羲之尺牍，有助于立体地重构《丧乱帖》所记录的时代状况。因此，本文的主题并非赏析《丧乱帖》的书法，而是解读其撰写的历史背景。

　　羲之顿首。丧乱之极，先墓再离荼毒。追惟酷甚，号慕摧绝，痛贯心肝。痛当奈何，奈何。虽即修复，未获奔驰，哀毒益深。奈何，奈何。临纸感哽，不知何言。羲之顿首顿首。

如果尝试用现代语翻译，大致如下：

　　羲之顿首。丧乱之极，吾祖先坟茔再遭荼毒。回想此事，就感到无地自容。我嚎啕大哭，心碎万分，痛彻肺腑。这份伤痛，该如何解决？即使坟墓被修复，我也无法赶到现场，在无比悲伤的心境中越陷越深。该如何是好？如何

1.该帖作者仅作训读，故直接引用古文原句。

是好？我一边写信，一边哽咽哭泣，无法用语言表达。羲之
顿首顿首。

顺带一提，尺牍如果用"顿首"一词开头，那么正确的格
式是再用"顿首"一词结尾。就此点而言，《丧乱帖》应是传承
有自。

另外，《汉魏六朝一百三家集》的《王右军集》中有一通
尺牍，内容与《丧乱帖》极为类似，一般认为写于其前后：

旧京先墓毁动，奉讳号恸，五内若割，痛当奈何？王
羲之顿首。[1]

"奉讳"是指为父母服丧。那么，上述这些尺牍是在什么
时候、怎样的时代状况下写就的呢？内藤乾吉在《书道全集》
中对《丧乱帖》的解说如下：

尝试考虑《丧乱帖》的具体时期，"先墓"应是位于
北方的王羲之先祖坟茔。它们在王氏一族的本贯琅琊郡临
沂县。"再离荼毒"的意义不明，不过"修复"一事，大概
是指坟茔所在的疆土长期被夷狄占领，至此光复，于是坟
茔得以修缮。这样来看，此事应发生于永和十二年（356），
即桓温光复洛阳的那一年。当时，荀羡的军队正开往琅琊，
修缮坟茔或许就发生于此时。若如此，则《丧乱帖》是王

1.该尺牍作者仅作训读，故直接引用古文原句。

羲之五十岁前后的笔迹。[1]

内藤乾吉解说的框架我大体赞同，但稍稍有些异议。不过，在阐明我的若干异议之前，首先需要讲述的是，晋穆帝永和十二年桓温光复洛阳，究竟是一个怎样的事件？

解读历史背景

成立于公元二六五年，由武帝司马炎开创的晋王朝终结了魏、蜀、吴三国鼎立的三国时代，成功一统天下。然而，武帝于二九〇年驾崩，其继任者是昏愚至极的晋惠帝。惠帝时代的政情瞬息万变，但惠帝只是局外人：有晋武帝外戚杨氏专权时期，有晋惠帝外戚贾氏专权时期，紧接着是八王血雨腥风争夺权力的时期——即所谓的八王之乱，晋王朝陷入了混乱的深渊。宗王们将定居在边境地带的非汉族群拉拢到身边作为自己的军事力量，进一步加深了混乱。这些非汉族群看穿了晋王朝的弱点，摆脱了此前的雇佣兵身份，逐渐自立建国。匈奴人最早宣布独立，以平阳（今山西省临汾市）为都城，国号为汉。永嘉五年（311），晋王朝的都城洛阳（今河南省洛阳市）受到匈奴的袭击。各种掠夺、暴行，在洛阳街市上掀起了暴风骤雨。洛阳诸城门被烧毁，太极殿被占领，皇帝的陵墓被掘开，据说有三万余具尸体被堆积在洛水以北。当时，惠帝之后登基的晋怀帝被掳掠至平阳，最终死于该地。这就是所谓的"永嘉之乱"。

---

1. 内藤乾吉：《〈丧乱帖〉解说》，收入下中邦彦编：《书道全集》第四卷《中国4·东晋》，平凡社，一九六〇年，第一百六十四页。

因永嘉之乱的发生，不得不放弃华北的晋王朝逃亡于江南。公元三一八年，晋王朝在元帝司马睿的领导下，以建康（今江苏省南京市）作为新都，勉强得以复兴。以洛阳为都城的时代，称为西晋王朝。与之相对的东晋王朝至此诞生。东晋王朝作为流寓政权，其支柱自然是从华北前往江南避难的人群，他们也成了东晋政权的核心力量。其中，王羲之所在的琅琊王氏家族格外显眼。王羲之父亲的堂弟王导作为东晋王朝草创期的名相，在中国历史上声名显赫。琅琊王氏是名门中的名门，是所有人都认可的第一流贵族。王羲之的岳父郗鉴则是将华北流民组织为战斗部队的军团将领。这支军团镇守于京口（今江苏省镇江市），是东晋王朝最精锐的部队。总之，王羲之是名门佳公子。

永嘉之乱后的华北，由统称为"五胡"的非汉族群交替建立政权，成了兴衰往复激烈角逐的舞台。"五胡"中，为首的是将晋王朝驱逐至江南的匈奴，此外还包括鲜卑、氐、羌、羯等。匈奴刘氏政权，是为前赵。建国不久后为羯族石氏政权，即后赵所灭。后赵以邺城为都（今河北省临漳县西南），至石虎时期骤然国力雄厚，几乎成功统一了华北全域，给东晋王朝带来了极大威胁。而随着石虎于公元三四九年去世，后赵政权内围绕着王位继承反复暗斗。最终，公元三五〇年，汉族出身、因武艺出众而成为石虎养孙的冉闵即位，改国号为魏。不过，冉闵建国伊始就对大量非汉族群展开屠杀，华北由此再度陷入混乱。已经在华北各地定居生活的数百万非汉族群为了返回家乡开始迁徙，再加上饥荒袭来，瘟疫流行，各地都成了人相食的炼狱。石虎深为笃信的神异僧人佛图澄曾说过一句谶语：

"棘子成林。"[1]冉闵小字棘奴。这句话预言了不久后因冉闵而起的惨剧。

不服从冉闵统治的后赵旧将们在各地展开了顽强抵抗。其中，氐族与羌族的盟主苻洪及苻洪之子苻健稳步在关中培植势力。皇始二年（352）正月，苻健最终建立前秦，以长安为都城。而在东方，鲜卑慕容部的势力迅速扩张。冉闵最终为慕容部所灭。前秦建立当年的十一月，慕容儁建立前燕，于中山（今河北省定州市）即位。如此一来，后赵已然瓦解，前燕与前秦展开了东西对峙。趁着双方的势力尚未充分确立、华北尚在混乱之际，桓温展开北伐，光复了旧都洛阳。

桓温本是坐镇长江中游的军阀，以荆州江陵（今湖北省江陵县）为治所。在此之前的永和三年（347），桓温远征荆州西邻的蜀地——即今天的四川省，令存续六代君主、四十七年的李氏成汉政权投降，由此威名震动江南。通过征服蜀地，桓温获得了一个长长的头衔：征西将军，都督荆、司、雍、益、梁、宁、交、广八州诸军事，荆州刺史。这意味着他既是荆州的民政长官，又掌握了东晋疆域内西部、南部的军权。如此一来，桓温自然萌生了篡夺东晋政权的野心，并日益膨胀。此后，为了向世人展示实力，让世人无话可说，桓温开始燃起北伐的执念。对于退守江南半壁江山的东晋人而言，华北之地仍任凭胡族蹂躏，实乃是可忍孰不可忍的屈辱。因为那里自古以来便是王城所在，是文明的中心，故而所有东晋人都将之视为心中的故土。不仅如此，对于不计其数的南渡侨民而言，被抛弃的华北实际也是先祖坟茔所在。为胡族的恐怖所笼罩、为了前往

1.《晋书》卷九五《艺术传·佛图澄》。

272　　　　　　　　　　　　　　　　　　　王羲之：六朝贵族的世界

江南而不断逃亡的回忆如噩梦一般，在南渡侨民的心中挥之不去。王羲之应当也是其中之一。并且，这份恐怖和屈辱的历史记忆，随着时间的流逝反而进一步加深，由父及子、由子及孙，代代相传。光复华北是东晋人的夙愿，一旦成功，桓温的威名必然愈发高涨。

永和五年（349），石虎去世的消息传遍江南，桓温立刻向朝廷请求降旨北伐，但毫无音讯。紧接着，桓温于永和七年（351）的北伐上书也同样无功而返。然而在永和八年（352），对桓温充满戒心的朝廷却降旨桓温的政治对手、时任建武将军、扬州刺史的殷浩，令其北伐。不过，殷浩北伐失败，以下台告终。此时，已经没有人能够阻止桓温北伐了。

桓温随即展开行动。永和十年（354）二月，他率领步骑共计四万人，从江陵出发，溯汉水攻入前秦境内，进军至与长安近在咫尺的灞水岸边。关中地区日复一日屈从于胡族统治的汉人皆对桓温表示欢迎，不少人感动流泪。无奈的是，由于粮草补给不上，桓温无法长期维持战线。

两年后，即永和十二年（356）七月，桓温以征讨大都督的名号再次展开北伐。此次北伐的目标是旧都洛阳。北伐军队进至洛阳以南的伊水时，与曾经大败殷浩的羌族部将姚襄对阵。桓温亲自立于阵头指挥，敌军随即大溃。八月，桓温终于进入了期盼已久的洛阳城。在洛阳期间，桓温天天忙于拜谒先帝诸陵、修复被毁坏的陵墓。在此事发生的前一年，即永和十一年（355），王羲之退出官界，会稽内史是他的最后一任官职。随后，他就在会稽郡山阴县（今浙江省绍兴市）过起了逸民的生活。不过，对于桓温北伐的成功，王羲之抑制不住地感到兴奋。如以下两通尺牍所见：

【古文原句】

虞义兴适送此，桓公摧寇，罔不如志，今以当平定。古人之美，不足比踪。使人叹慨，无以为喻。[1]

知虞帅云，桓公以至洛，即摧破羌贼。贼重命，想必禽之。王略始及旧都，使人悲慨深。此公威略实著，自当求之於古。真可以战，使人叹息。[2]

【现代语译】

虞义兴来信说，桓公击破贼军，轻松随意，现在当地局势应该已经平定下来了。古代英杰不足以与桓公相比较。这种令人感慨的心情，无法言喻。

虞帅来信说，桓公已到达洛阳，击破羌人。贼军看重性命，应该都被俘虏了。我朝的王化首次到达旧都，令人感慨无量！桓公的威名、谋略可谓显眼，比拟者只能从古人中去寻求。着实令人惊讶，让人感慨至深。

所谓虞义兴、虞帅，大概是时任义兴郡太守，并作为部将参加此次桓温北伐的虞姓某人。上文中的"羌贼"，无疑指姚襄。

诚如上引尺牍中王羲之所言，"王略始及旧都"，江南人几十年来的夙愿，终于达成了。但是，王羲之却无法因洛阳的光复而尽情地高兴。因为他知道，自晋王朝南迁后，长期作为胡族争斗舞台的洛阳及其周边荒废异常。这件事情，王羲之似乎是从桓温本人的来信中知道的：

---

1. 王羲之：《虞义兴帖》，入刻《二王帖》。
2. 王羲之：《破羌帖》，又称《王略帖》《恒公至洛帖》，入刻《二王帖》。

【古文原句】

适桓公十月末书，为慰。云所在荒，甚可忧。[1]

【现代语译】

收到桓公十月末的来信，安心了。不过，信中说当地处处荒破，使人忍不住忧虑。

此外，从王羲之《丧乱帖》和《王右军集》所收尺牍中我们已知道，王氏先祖的坟茔遭到了破坏。在晚于王羲之的时代，有这样一个故事：在公元五世纪的南齐时期，有名为江泌者，其母亲之墓被野火烧毁。《春秋》中"成公三年"条载"新宫灾，三日哭"，是说鲁成公的先祖宣公庙被火灾烧毁，成公哭三天。而江泌即模仿《春秋》此例痛哭，乃至于"泪尽，系之以血"[2]。江泌先人的坟茔是自然灾害所毁，就已如此悲伤，更何况王羲之的先祖坟茔是为人所毁坏，其悲叹之情必然更加强烈。

先墓不存

内藤乾吉认为，被毁的王羲之先祖坟茔位于琅琊。的确，王羲之一族的本贯是琅琊郡临沂县（今山东省临沂市）。此外，也正如内藤氏所指出的那样，桓温进行北伐的那一年——也就是永和十二年（356），镇守下邳（今江苏省睢宁县西北）的统帅荀羡曾向前燕占据的山东半岛方向发动攻势。不过我认为，王羲之《丧乱帖》所载"丧乱之极，先墓再离荼毒"的"先墓"

1.王羲之：《伏想清和帖》，入刻《淳化阁帖》。
2.《南史》卷七三《孝义传·江泌》。

一定是在洛阳附近。最重要的证据，是《王右军集》中所收尺牍中"旧京先墓毁动"的这条记载。毫无疑问，"旧京"就是晋王朝此前的都城洛阳。不仅如此，王羲之的曾祖父为王览，其兄王祥是一心侍奉继母的孝子，为"二十四孝"之一。同时，他也是公认的名门琅琊王氏的起点人物。晋武帝泰始五年（269），时任太保的王祥去世。在留给子孙的遗嘱中，他这样说道：

【古文原句】

夫生之有死，自然之理。吾年八十有五，启手何恨，不有遗言，使尔无述。吾生值季末，登庸历试。无毗佐之勋，没无以报。气绝，但洗手足，不须沐浴，勿缠尸，皆浣故衣，随时所服。所赐山玄玉佩、卫氏玉玦、绶笥皆勿以敛。西芒上土自坚贞，勿用甓石，勿起坟陇。[1]

【现代语译】

生死相伴，本就是自然之理。我今年八十五，哪怕去世也无甚念想，但必须留下遗言，让你们了解到为父的遗志。我生于东汉末世，此后获得拔擢，历任诸官。然而，我并无辅佐天子的功勋，即便去世也无以报答皇帝。我咽气后，只需要清洗手足，不用全身沐浴，不需要将厚衣服穿在尸体上，将平日衣物清洗干净，按时节穿戴身上即可。朝廷所赐山玄玉佩、卫氏玉玦、内置印绶的盒子，都不放入灵柩中。西芒山上的土本就坚固、结实，不需要用砖瓦、石材营造墓室。

1.《晋书》卷三三《王祥传》。

王祥的遗言不止于此，这里不再征引。所谓山玄玉，指玉的纹路如黑色的山一般。《礼记·玉藻篇》载："公侯佩山玄玉而朱组绶"。所谓玉玦，是指有一处断口的环形玉。至于为什么要冠以"卫氏"这一形容词，称之为"卫氏玉玦"，原因不详。在这里，想要特别关注的是"西芒上土"。西芒的"芒"，一定是指邙山。"芒"与"邙"音同，因此邙山有时也就写为"芒山"。此外，因邙山位于洛阳的东北郊，也经常被称为"北邙"。邙山上，坟墓累累成列，自古以来便非常有名。如唐朝白居易在名为《对酒》的五言诗中云：

东岱前后魂，北邙新旧骨。

他将死者灵魂所聚的东岱——也就是东岳岱（泰）山与北邙山并列。日本中世的《无常赞》化用了白居易的这句诗，写道：

泰山周边之暮烟，今昔缭绕。北邙朝夕之草露，消逝先后。[1]

王祥所云"西芒上土自坚贞"。所谓"西芒"，应该就是邙山西麓。这一点暂且不提，其所云邙山之土"自坚贞"，能够在《真诰》中找到旁证。《真诰》是东晋时代道教降临诸神的神诰

1.原句为"東岱前後のゆふけぶり、きのふもたなびきけふもたつ、北邙朝暮のくさのつゆ、おくれさきだつためしあれ。"出自他阿：《净業和讃》。《净業和讃》是江户时期的佛教歌谣集，主要内容是对佛祖、菩萨、祖师、经典、教义的赞歌。

集录，其中卷一——《稽神枢第一》载"北邙及北谷关土，坚实而宜禾谷"。总之，王羲之的"先墓"——即出仕西晋王朝的王氏一族墓地——位于洛阳东北郊外的邙山，是基本无疑的。

如果说王祥墓所在的"西芒"是指邙山西麓，那么它就与洛阳城距离很近，在洛阳街市中可以清楚眺望到。杜预是王祥同时代的西晋人，其所注《春秋左氏传》——即《春秋经传集解》，哪怕在今天也是《左传》最权威的注释本。在遗书中，杜预记载了去世前于邙山营墓的情况，并描写墓地四周景观如下：

【古文原句】

东奉二陵，西瞻宫阙，南观伊洛，北望夷叔，旷然远览，情之所安也。[1]

【现代语译】

向东拜皇帝陵墓，向西见宫殿、城门，向南眺伊水、洛水，向北望伯夷叔齐，视野宽阔遥远，使人心安。

所谓"夷叔"，指不食周武王之粟的伯夷、叔齐兄弟隐居的首阳山。王羲之的"先墓"，大概也正伫立在这样的景观之中。然而令人痛心的是，先墓被毁坏了。

据说，桓温进攻洛阳时，在伊水与其对峙的羌人姚襄率领麾下数千骑逃往洛阳的北山。洛阳的北山，显然就是北邙山。此外，据说还有民众五千余人，他们仰慕盖世英杰姚襄的人德，聚集于北山。王羲之的"先墓""再离荼毒""毁动"，是否

———
1.《晋书》卷三四《杜预传》。

就在此时？王羲之在尺牍中没有提及，只能依靠想象了。不过，王羲之最终无缘"奔驰"先祖坟茔所在之地。尽管桓温北伐一度光复洛阳，但转瞬之间的晋哀帝兴宁二年（364），被前燕、前秦两大势力包围的孤城洛阳再度为前燕所占据。

王羲之去世于兴宁三年（365），另有一说是在之前的升平五年（361）。而他的葬地正如下引尺牍所见，应是经营于江南的王氏坟茔：

> 坟墓在临川，行欲改就吴中，终是所归。[1]

上文中的"临川"是今天的江西省临川市。王羲之曾任临川太守，应该就是在那时于临川修建了墓地。他最终想要把坟墓迁去的"吴中"或许是指苏州，或许是指太湖周边的某个地方。而无论是临川也好，吴中也罢，都无法改变一个事实，那就是江南已经成为王氏一族新的永居之地。

1.王羲之：《杂帖》，见《法书要录》卷一〇《右军书记》。此通尺牍作者仅作训读，故直接引用古文原句。

附篇二　王羲之与山水

王羲之的逸民生活

《论语·雍也篇》载：

> 子曰：知者乐水，仁者乐山。[1]

孔子这句话，正如汉代注释者所言："知者乐运其才知以治世，如水流而不知已；仁者乐如山之安固，自然不动而万物生焉。"[2]它将智者、仁者的样态寄托在山、水两端。在这句话之后，孔子紧接着说道：

> 智者动，仁者静。

将之与汉代注释两相对照，则汉代注释家的解说应是切近《论语》本义的。

《论语·雍也篇》的这句话很含蓄，但硬要说的话，水与山、智者与仁者在这里被视为相互对立的。且令人稍感遗憾的是，水、山本身并不重要，只是作为智者、仁者的一种比喻。然而，六朝人却把水与山、或者说山水视为一体的山水自然，

---

1. 该句与下一句作者仅作训读，故直接引用古文原句。
2. 出自《论语》汉代包咸注。

通过坦诚面对一体的山水自然，由此发现山水自然的全新意义。正是在六朝时代，鉴赏山水，以及与之相关的山水诗、山水画，作为文学、艺术的一种，确立了相关地位。或者可以说，这是一种山水哲学。

东晋永和十一年（355），也就是王羲之召集兰亭会的两年后，时为右军将军、会稽内史的他，成了会稽郡山阴县（今浙江省绍兴市）的逸民。此后，王羲之似乎始终在今天的浙江省一带游山玩水，享受着自由时光。《晋书》卷八〇《王羲之传》载：

【古文原句】

羲之既去官，与东土人士尽山水之游，弋钓为娱。又与道士许迈共修服食，采药石，不远千里遍游东中诸郡，穷诸名山，泛沧海。

【现代语译】

羲之离开官界后，与东土的人士游尽山水，以捕鸟钓鱼为乐。又与道士许迈一同修行服食，采集药石，不远千里游历遍浙东诸郡，凡是名山都一探究竟，乘船泛海。

道士许迈是专业的道教修行者，被王羲之称为"先生"，深加崇敬。居于临安（今浙江省杭州市临安区）西山的许迈曾在写给王羲之的尺牍中提及，"自山阴南至临安，多有金堂玉室、仙人芝草"[1]。王羲之也曾造访许迈，与之攀谈数日而不倦。由此来看，王羲之遍历名山大川，目的是采集药石、寻找芝草。而

1.《晋书》卷八〇《王羲之传附许迈传》。

采集药石、寻找芝草，又是为了道教所谓的"服食养生"——即令身体强健，进而让身体彻底变化，由此获得永生。王羲之的挚友谢安（字安石），与王羲之一样在会稽过着逸民的生活。以下尺牍似乎就是王羲之寄给谢安的：

【古文原句】

得司州书。转佳，此庆慰可言。云与君数数或采药山崖，可愿乐，遥想而已。[1]

【现代语译】

收到司州寄来的书信。病情好转，令人欣喜。司州说与您不时前往山崖采药，令人羡慕，亦使人回忆起往昔。

上文中的"司州"，指谢安之弟谢万。此外，如下引王羲之写给谢安的尺牍所载，王羲之游历山水的同时，也会打理一些俗务：

【古文原句】

当与安石东游山海，并行田，尽地利。[2]

【现代语译】

近期计划与谢安一起往东去游览名山海滨，顺便巡视庄园，考察作物收成。

1. 王羲之：《杂帖》，见《法书要录》卷一○《右军书记》。
2. 王羲之：《杂帖》，见《法书要录》卷一○《右军书记》。

自然中的神秘体验

集结兰亭会诸人所赋诗歌的《兰亭集》，由列席兰亭会的孙绰撰写后序，其中这样写道：

情因所习而迁移，物触所遇而兴感。故振辔于朝市，则充屈之心生；闲步于林野，则辽落之志兴。[1]

人的感情会随着环境的变化而变化。因此，如果驱马赶往朝廷、市场等名利场，就会产生抑郁之心；但如果在山林原野间悠闲行走，则会生出广阔而无忧无虑的志向。随后，孙绰在《兰亭集》的后序中又接着写道：

屡借山水，以化其郁结。

此外，《文选》卷一《赋》中还收录了孙绰所作《游天台山赋》。天台山横亘会稽东南，于此后不久的六世纪成了天台宗智𫖮的道场。完成《游天台山赋》后，孙绰告诉友人：

【古文原句】

卿试掷地，要作金石声。[2]

【现代语译】

您试试把这篇文章直接扔到地板上，必定会发出如钟、磬等乐器那般的音乐声。

1.孙绰：《三月三日兰亭诗序》，收入欧阳询：《艺文类聚》卷四《岁时部·三月三日》。该句与下一句作者仅作训读，故直接引用古文原句。
2.《世说新语》上卷下《文学第四》。

可见，《游天台山赋》是孙绰的得意之作。《游天台山赋》的序言写到，天台山乃"皆玄圣之所游化，灵仙之所窟宅"，如果不是"夫遗世玩道、绝粒茹芝者"——即断绝俗世的道教修行者，就"乌能轻举而宅之"；如果不是"远寄冥搜、笃信通神者"——即有探索幽远冥昧之心、对其真实存在深信不疑、可交感神灵的人，便"何肯遥想而存之"。而在此赋的结尾，孙绰盛赞云：

> 浑万象以冥观，兀同体于自然。

这种万象（万物）与自我在自然中融为一体的状态，正是他在天台山所获得的神秘体验。《文选》的注释者唐李善对这句话的阐释如下：

> 妙悟玄宗，则荡然都遣，不知己之是己，不见物之为物，故浑齐万像以冥观，兀然同体于自然。

李善又注释到：

> 冥，昧也，言不显视也。兀，无知之貌也。[1]

"兀"，大概指混沌无意识的一种感觉。"兀"这个字在我们的日常生活中几乎不见，但孙绰似乎很爱用，《兰亭集》后

1.作者所引《游天台山赋》序言内容及李善的注释仅作训读，故直接引用古文原句。

284　　　　　　　　　　　　　　　　王羲之：六朝贵族的世界

序中"决然兀矣，焉复觉鹏鷃之二物哉？"一句中也用了"兀"字。无论怎样，即使是参考李善的注释，《游天台山赋》结尾表现的神秘体验，也并不那么容易理解。说来略有唐突，志贺直哉在《暗夜行路》一书靠近末尾处，曾描写了主人公时任谦作在大山山腰上所体验到的那种不可思议的陶醉感。《游天台山赋》所描绘的神秘体验，或许与之接近：

> 他感觉到自己的精神和肉体，现今都融入了这大自然中。这个自然，以无限大的气体，将像芥子粒那么小的他包裹住。他的眼睛虽无法感知，但整个人融入其中————这种回归本真的感觉，是语言无法表达的快乐。[1]

《游天台山赋》绝非孙绰基于实际体验的创作。据说，在他担任永嘉太守时，将他人所绘天台山图置于身边，吟咏而成此赋。孙绰的这一行为与宗炳（375—443）很类似。宗炳所撰《画山水序》是山水画理论开山之作，其中"山水以形媚道"[2]————山水以其姿态切近形而上的"道"————这个观点颇值得关注。年老体衰之际，宗炳无法跋山涉水，于是将曾经游历过的名山画于墙壁上，坐卧相对。话说回来，孙绰所吟咏的天台山，对王羲之而言应该是熟悉的。《游天台山赋》中有"赤城霞起而建标"[3]一句。其中的"赤城"，是北连天台山的独峰赤城

1.《暗夜行路》是日本作家志贺直哉所撰长篇小说，描写了一位名为时任谦作的小说家的个人生活经历。主人公身世坎坷、情感曲折，本书着重表现了一个孤独知识分子的不幸与苦闷。
2.该句作者仅作训读，故直接引用古文原句。
3.该句作者仅作训读，故直接引用古文原句。

山。《高僧传》卷一一《习禅》载，王羲之听说了竺昙猷于赤城山中修行精进的传闻，于是前去拜访。具体传闻如下：

> 竺昙猷于石室坐禅，数十只猛虎蹲在竺昙猷前，猷诵经如故。其中一虎睡眠，竺昙猷以如意敲打虎头，问道："为何不听经？"老虎们便很快离去。随后大蛇出没，举头向竺昙猷，半天后又离去。第二天，山神现形，将管辖了两千年的赤城山让给竺昙猷，而后鸣鞭吹角，乘云离去。[1]

据说，王羲之听闻此事，特意前往赤城山拜访竺昙猷。如《高僧传》列传所见，竺昙猷是佛教僧侣。与之相对，王羲之是一位热忱的道教信徒。不过，正如道教的修行者——道士将山岳作为修行的场所，佛教僧侣也经常把山岳作为修行之地。道教与佛教之间，尤其是道教与山岳佛教之间，究竟差异何在？为了困扰竺昙猷而出现老虎与大蛇，这一情节与道士们的山中修行故事异曲同工。《游天台山赋》中也提到，天台山虽是"灵仙之所窟宅"，但"王乔控鹤以冲天，应真飞锡以蹑虚"，同

1.此处作者有改写，故直译而出。原文作"后移始丰赤城山石室坐禅。有猛虎数十蹲在猷前。猷诵经如故。一虎独睡，猷以如意扣虎头问：'何不听经？'俄而群虎皆去。有顷壮蛇竞出，大十余围，循环往复举头向猷，经半日复去。后一日神现形，诣猷曰：'法师威德既重来止此山。弟子辄推室以相奉。'猷曰：'贫道寻山愿得相值，何不共住？'神曰：'弟子无为不尔。但部属未浃法化，卒难制语，远人来往或相触犯。人神道异，是以去耳。'猷曰：'本是何神居之久，近欲移何处去耶？'神曰：'弟子夏帝之子，居此山二千余年。寒石山是家舅所治，当往彼住。'寻还山阴庙。临别执手，赠猷香三盒。于是鸣鞭吹角，陵云而去赤城山。"见《高僧传》卷一一《习禅·竺昙猷》。

时出现了仙人王乔与佛教徒应真——即阿罗汉的形象。此外，赋中"浑万象以冥观，兀同体于自然"这句话，实际正显示出孙绰对道教"象外之说"与佛教"无生之篇"两者立场进行扬弃后所获得的神秘体验。[1]

王羲之的山水自然观

遍历诸多名山的王羲之，大概时不时也能领略到"浑万象以冥观，兀同体于自然"的神秘体验。他游历山水的根本目的，或许就是感受这种神秘体验——与永生相连接的体验。同时，王羲之还曾在兰亭会上亲赋五言诗。这首诗对于认识他的山水自然观非常重要：

> 仰望碧天际，俯磐绿水滨。
> 寥朗无厓观，寓目理自陈。
> 大矣造化功，万殊莫不均。
> 群籁虽参差，适我无非新。[2]

面对宏阔的山水自然，一个个"理"在王羲之的眼前自然呈现。伟大的造化之功所产生的万物尽管形形色色，但其中贯彻的"理"并无二致。山水自然所产生的种种响动、歌声虽彼此不同，但都能令自己感到愉悦。

1.孙绰《游天台山赋》原文作："散以象外之说，畅以无生之篇。"他对佛道二者的扬弃，于"泯色空以合迹，忽即有而得玄"一句中可见。
2.王羲之：《兰亭诗二首·其二》，见于唐代陆柬之行书《五言兰亭诗》，亦收入张彦远：《法书要录》卷一〇《右军书记》，但不全。

王羲之发现，山水自然呈现着"理"，"理"也只存在于山水自然之中。所谓的"理"，是作为现象而映入眼帘的山水自然，而在其背后，的确存在宇宙的法则。谢安之兄谢奕的曾孙谢灵运（385—433）是确立山水诗重要地位的伟大作家。《文选》卷二二中有其题为《于南山往北山经湖中瞻眺》的五言诗，其中写道：

　　赏废理谁通？

这句话的意思是，如果停止对自然的欣赏，那么究竟谁能够通晓"理"呢？据说，"赏"这个字，原本只是"罚"的反义，六朝时代则开始将之用作鉴赏自然之意。由此也可看出六朝人对山水自然的态度。总之，谢灵运与王羲之同样意识到正是在自然之中，能够发现所谓的"理"。若追寻这一思想在后世的流变，宋代苏东坡在《赠东林总长老》一诗中写道：

　　溪声便是广长舌，山色岂非清净身。[1]

再如日僧道元在所撰《正法眼藏》的《溪声山色》一卷中引用了苏东坡的这句诗，且同书《山水经》一卷中还可见如下按语：

　　而今之山水，古佛道之现成也；共住法位，成究竟之功德。以是空劫以前之消息，故是而今之活计也；以是朕

1.苏轼：《东坡集》卷一三《诗八十一首》。

兆未萌之自己，故事现成之透脱也。山之诸功德，以高广；乘云之道德，必由山通达。顺风之妙功，定由山透脱。[1]

1.本段文字原为古日语撰写，此处引用了何燕生中译版本。具体出处为［日］道元撰，何燕生译：《正法眼藏》，宗教文化出版社，二〇〇三年，第二百六十三页。

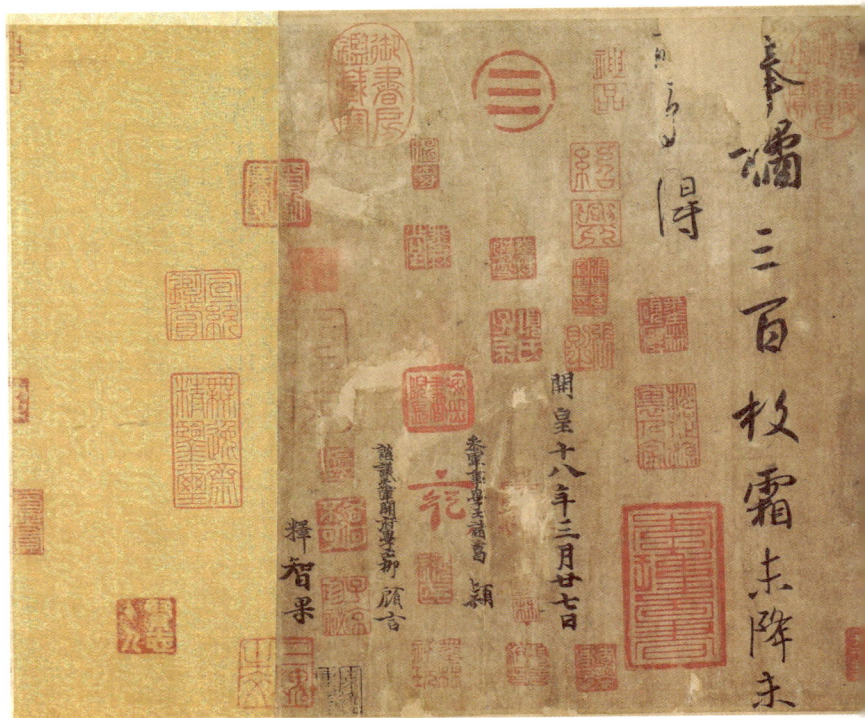

46 王羲之：《平安》《何如》《奉橘》三帖

晉王羲之奉橘帖

此粗平安備載東十餘　作年

諸人近集存想明日

當復悉惠反無由同

橘花

羲之白不審、尊體此復

可口蓮夏奉

元庭决不大吾有（？）任

行穰帖丞宣和時如出董思
翁跋語極推挹之謂非唐以
後人所能到蓋展眼觀乃知
其於渾穆中精光内輕發稍
遜快雪時晴要非鈎摹能辦
乾隆戊辰夏五御題

王右軍行穰帖

龍跳天門需卧鳳闕

47

附篇三 王羲之——追求生命的充实

公元三、四世纪之交的西晋末年，华北成为非汉族群耀武扬威的舞台。心惊胆战的人们成群结队逃难前往江南，随即以建康（今江苏省南京市）为新都，建立起东晋王朝。王羲之出身的琅琊王氏也是沉浮于乱世浪潮中的家族之一。王羲之怀念着留在华北的先祖坟茔。他曾在《丧乱帖》中写道："丧乱之极，先墓再离荼毒"，语句中充满了无法消解的痛苦与遗憾。所谓"荼毒"，指如口含苦菜一般的猛烈苦痛。

对于东晋王朝而言，其夙愿是从非汉族群的手中夺回华北之地。出仕东晋王朝的王羲之自然也持同样想法。朝廷前前后后派出的北伐军战报，令他时而高兴，时而担忧。经历了数任官职后，王羲之于永和七年（351）担任会稽内史，治所在山阴县（今浙江省绍兴市）。当时，为北伐军队补给粮草是王羲之的职责之一，他为此事颇感烦恼。活动于公元五、六世纪、在鉴定王羲之书法上拥有绝对自信的陶弘景（456—538）认为，王羲之书法中最出色的，正是永和十年前后（354）他担任会稽内史时的作品。其原因或许是王羲之那强烈绷紧的心弦为他的书法带来了一种紧张感。

话说回来，即便在繁重的工作中，王羲之的生活也有安心愉悦的一面。他有一个儿孙绕膝的温暖家庭，他同时也是一位慈祥的父亲。在寄给某人的尺牍中，王羲之这样写道：

【古文原句】

　　吾有七儿一女，皆同生，婚娶已毕，惟一小者尚未婚耳。过此一婚，便得至彼。今内外孙有十六人，足慰目前。[1]

【现代语译】

　　我有七个儿子、一个女儿。儿女们都是一母所生，基本都结婚了，只有小儿子尚未婚娶。等小儿子也结过婚，我就能到您这来了。现在有孙子、外孙十六人，足以抚慰目前。

　　上文中的"小者"应是指王献之。此外，王羲之还与名士们有所交游。永和九年（353）三月三日，在王羲之的召集下，四十二人聚集于山阴郊外名胜之地的兰亭，举办"曲水宴"。这四十二人中有王羲之的儿子们，还有他的好友与僚属。兰亭会上，人们各自随意赋诗。王羲之在赋诗的同时，还兴致勃勃地写出了他书法作品中的最高杰作——《兰亭序》。

　　兰亭会两年后的永和十一年（355）三月五日，王羲之辞去会稽内史一职，退出官界，开始了自由的逸民生活。对于再次复出官界的建议，王羲之完全不加理睬：

【古文原句】

　　吾前东，粗足作佳观。吾为逸民之怀久矣，足下何以方复及此？[2]

1.王羲之：《儿女帖》，又名《同生帖》，入刻《十七帖》。
2.王羲之：《逸民帖》，入刻《十七帖》。

【现代语译】

　　我之前去了东边的会稽，此地景色十分秀丽。我从很久之前开始就一直想成为逸民，您为何又要再次提起此事呢？

此外，他还向朋友传达了如愿以偿地为逸民的喜悦之情：

【古文原句】

　　今仆坐而获逸，遂其宿心。其为庆幸，岂非天赐! 违天不祥。[1]

【现代语译】

　　现今我在家中避世，实现了多年来的志向。这种喜悦，难道不是上天赐予的吗? 违背上天的意志是不吉利的。

过往逸民们，大多数或隐居于远离人世的深山，或成为愤世嫉俗的狂人。王羲之的逸民生活与之不同。他的生活被自然美景、温馨家庭以及心意相通的朋友们所围绕。并且，王羲之还作为热忱的道教信徒展开生活。《晋书》卷八〇《王羲之传》这样写道：

　　　羲之既去官，与东土（会稽）人士尽山水之游，弋钓（捕鸟钓鱼）为娱。又与道士许迈共修服食，采药石不远千里，遍游东中（会稽周边）诸郡，穷诸名山，泛沧海，叹曰："我卒当以乐死。"[2]

---

1. 王羲之：《杂帖》，见《法书要录》卷一〇《右军书记》。
2. 该句作者仅作训读，故直接引用古文原句。

所谓"服食"，指服用仙药。王羲之为了修炼服食，与道士许迈一起采集药石。许迈也在王羲之尺牍中时常出现，被称为"先生"。

道教对生命永存的神仙——即仙人顶礼膜拜。公元二世纪的东汉时代，这种道教形成宗教的样态，出现了太平道与天师道两个道教教团。许迈虽属天师道一派，然而在他的周边却能看到道教的新发展。这一事实，在此前提及的陶弘景所编《真诰》一书中就可以看到。陶弘景是以南京东南方向的茅山为祖庭的上清派道教宗师。《真诰》一书，则是东晋时代道教降临诸神的神诰集录。该书的主题是众神通过口授神诰，教诲许谧、许翙父子，引导两人进入仙界。实际上，许迈正是许谧的长兄。因此，许迈也屡屡出现于《真诰》中。关于王羲之，《真诰》也有涉及，但仅有一条：

【古文原句】
王逸少有事系禁中，已五年。云事已散。[1]
【现代语译】
王逸少因某事被关押在禁中，已有五年。他说事情已经了结了。

逸少是王羲之的字。不过，这条神诰出现于王羲之去世后。换言之，降临的神仙所告知的是王羲之在冥界的情况。颇具意味的一个事实是，王羲之的女儿嫁给了魏华存的孙子。而魏华存就是在《真诰》中担任主要角色的女神仙——南岳夫

1.《真诰》卷一六《阐幽微第二》。

人。在道教中，晚近的凡人亦可成神。[1]这点暂且不论。王羲之的这个女儿就是尺牍中"吾有七儿一女"的那个唯一的女儿。毫无疑问，双方的婚姻发生于王羲之还在世时。

《真诰》中阐述的道教新法，除了要遵守仪礼、戒律，还尤为强调诵读道教经典的功德与"存思"道术的重要性。这一派认为，人体内的各部分都寄宿着众神，冥想体内众神的身影、真切地实现与众神融为一体，即所谓的"存思"。以王羲之的书法作品而闻名的《黄庭经》就是阐述"存思"的道教经典。因此在《真诰》中，《黄庭经》被视为极其重要的经典。王羲之特意抄写此经，无疑也是基于他热忱的道教信仰。

东晋时代，佛教与道教一样，都切实地抓住了中国人的心。佛教中也有关于王羲之的故事。故事是说竺昙猷在天台山脉的独峰赤城山石窟中坐禅，王羲之听闻了竺昙猷的逸事，于是前往赤城山仰望山峰、表达敬意。不过，佛教与王羲之的故事仅此一件。这个故事之所以流传下来，或许正因为该事发生于王羲之与许迈一同采集药石、巡游诸山之际。与之相比，王羲之和道教的关系则非同寻常。道教对于生命永存的神仙顶礼膜拜，或许我们可以将之称为"生的宗教"。尽管冥界所传王羲之的消息并不是好消息。但追求生命的充实，由始至终贯穿于他的一生。在《兰亭序》中，王羲之写道：

固知一死生为虚诞，齐彭殇为妄作。[2]

1.指前引《真诰》"王逸少有事，系禁中已五年，云事已散"一句。
2.该句作者仅作训读，故直接引用古文原句。

他认为，将生与死、长寿与夭折等同看待的《庄子》哲学是毫无道理的谎言。王羲之处处都讲究养生。并且从"我卒当以乐死"这句话来看，这是一种绝对乐观、对于坏事毫不在意的情绪。王羲之的生活方式，也正是通过这句话清晰地展现出来。以我目前的私见，王羲之书法之所以能够成为超越时代、打动众人心弦的艺术，其秘密或许就可以从此点来探寻。

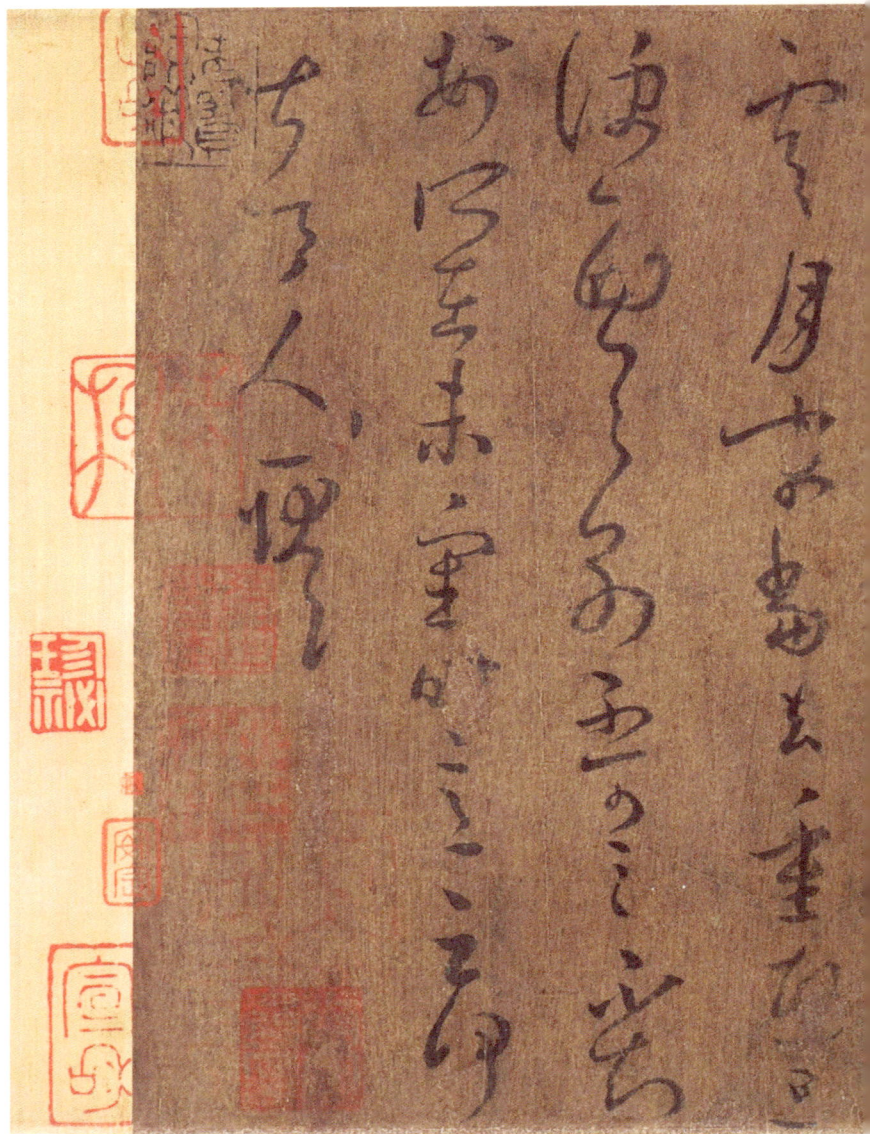

48 王羲之：《上虞帖》

48

附篇四　王羲之与道教[1]

　　我是承蒙杉村邦彦先生介绍的吉川忠夫。杉村先生与我都是不久前（一九九五年五月二十四日）去世的宫崎市定老师的门生。我们俩一前一后进入京都大学东洋史学科学习，是同学关系。

　　今天我报告的主题是"王羲之与道教"。大约一个月前，我将今天报告的题目告知杉村先生，并着手进行准备。当时收到了南京博物院寄赠的一九九五年第二期《东南文化》，其中刊登了王荣法的《王羲之与道教》一文，与我报告的题目一模一样。王荣法先生我并不认识，看到这个文章标题，我有点慌张。不过将文章阅读一遍后，发现与我今天的报告内容没有什么重合之处，因此也就暂且放下心来。下面，我依照分发到大家手上的提纲与四张资料进行报告。

　　今天报告主题中的道教，其定义究竟是什么？想要对这个名词进行说明，很不容易。用最简单的话说，所谓道教，是指顶礼膜拜神仙——亦即仙人的宗教。对道教信徒而言，最终目的、最高理想是成为永生的神仙。王羲之及其一家人都是道教的热忱信徒。

1.本篇为吉川忠夫先生演讲的笔录，因此某些结构、内容与表达较为口语化。演讲的相关信息见本篇末尾。此外，本篇原书不分节，但考虑到篇幅较长，故本译文按照作者的演讲提纲分为五节，每节标题为作者演讲提纲的小标题。

《晋书·王羲之传》

请看提纲（Ⅰ）——《晋书·王羲之传》。王羲之在《晋书》中有传。《晋书》共一百三十卷，其中卷八〇（列传第五〇）为《王羲之传》。王羲之有七个儿子，长子为王玄之。他们的传记也包含在《王羲之传》中。作为敕撰史书的《晋书》完成于公元七世纪、唐朝第二代皇帝太宗时期。唐太宗亲自撰写了其中四卷的论赞，也就是卷末的史论。如《宣帝本纪》《武帝本纪》，"宣帝"并非真的皇帝，而是为晋王朝打下基础的司马懿；晋武帝司马炎是晋王朝的第一代皇帝，也是司马懿的孙子。唐太宗亲自撰写论赞的四卷，除了《宣帝本纪》《武帝本纪》，还包括文学家陆机的列传，以及王羲之的列传。可见唐太宗对王羲之的喜爱到了怎样的一种程度。唐太宗临死前立下遗嘱，将王羲之的《兰亭序》真迹埋于其陵墓昭陵中。这个故事非常有名。那么，王羲之与道教的关系如何？《晋书》卷八〇《王羲之传》所附其子王凝之的列传有如下记载：

> 王氏世事张氏五斗米道，凝之弥笃。孙恩之攻会稽，僚佐请为之备。凝之不从，方入靖室请祷，出语诸将佐曰："吾已请大道，许鬼兵相助，贼自破矣。"既不设备，遂为孙所害。[1]

所谓"张氏五斗米道"，是公元二世纪东汉时期出现的两个道教教团之一。这两个教团，一个是太平道，主要以东方沿海地区为活动舞台，创始人是张角。张角领导了将东汉王朝推

向混乱、最终导致其崩溃的黄巾之乱。另一个就是天师道，也就是这里所说的"张氏五斗米道"。这个教团由张陵、张衡、张鲁三代教主奠定基础，因此被称为三张道教。另外，由于信徒需要向教团奉献五斗米，因此也被称为五斗米道。天师道，就是张氏五斗米道。在第三代教主张鲁时期，五斗米道以汉中地区（今陕西省西南部）为根据地建立了独立的宗教王国，影响力波及巴蜀一带（今重庆市与四川省）。建安二十年（215），曹操征讨张鲁，张鲁投降。受到优待的张鲁被迁至曹操眼皮底下的邺城。不仅仅是张鲁本人，五斗米道教团的骨干、信众及其家人也都被迁往此地，他在汉中的根据地受到了毁灭性打击。不过，这也成了天师道在中国全境传布的一个契机。琅琊王氏诸人世代信奉天师道，而王凝之更是尤其热忱的信徒。

再来说一下孙恩。实际上，孙恩是以天师道信仰为核心的叛军领袖。他于公元三九九年举兵。孙恩的叔父为孙泰。孙泰师从当时知名道士、或者说道教宗师的钱塘杜子恭，受其道术。他曾召集信徒、筹划叛乱，但由于事情暴露而被杀。孙恩因此逃至海上，不久后举兵，立誓为叔父孙泰复仇。他从海岛上的根据地出发，向会稽等东南沿海地带频繁进攻，使东晋王朝陷入了极大混乱。当时，王凝之与其父亲王羲之一样，担任会稽郡的长官——会稽内史。他并不听从部下请求加强防备的忠告，而是躲在靖室中闭门祈祷。所谓靖室，是道教徒向众神祈祷、举行礼仪、修习道术的空间。王凝之认为，他已请大道之神以鬼兵相助，必无问题，因此没有把道教徒孙恩的叛军放在眼里，最终为其所杀。

在《晋书》卷八〇《王羲之传》所附其第七子王献之的列传中，又记载了这样一个故事：王献之病危时，家人举行上章仪式。所谓上章，是向道教的众神献上祷文。该仪式应当也在靖室举行。随后，王献之依照惯例"首过"。家人询问王献之，是否记得做过什么坏事。王献之回答说：

不觉余事，惟忆与郗家离婚。[1]

"首过"也叫作"思过"，要言之就是忏悔。道教认为疾病的原因在于曾经犯下的罪过，严格要求信徒对罪过进行忏悔。王献之的前妻是郗昙的女儿。王献之所忏悔的正是与郗昙之女离婚一事。顺带一提，正如下文"郗氏诸人"一节所示，这两个家族关系至深。

《晋书》卷八〇《王羲之传》所附其第五子王徽之传中，也有与王献之之死相关的故事。王徽之、王献之兄弟皆病重时，有一位"术人"（懂道术之人，也就是道士）造访王徽之，发生了如下对话：

【古文原句】

术人云："人命应终，而有生人乐代者，则死者可生。"

徽之谓曰："吾才位不如弟。请以余年代之。"

术者曰："代死者，以己年有余，得以足亡者耳。今君与弟算俱尽，何代也？"[2]

【现代语译】

术人云："人的生命要耗尽时，如果有其他人愿意以身相代，则可以延续生命。"

1.该句作者仅作训读，故直接引用古文原句。
2.《晋书》卷八〇《王羲之附王徽之传》。

徽之云："我的才能、官位都不及弟弟王献之。请以我余下的生命给他。"

术人云："代替他人而死，需要自身寿命尚剩余多年，能够把生命补给他人。而现在你和你弟弟的生命都即将耗尽，你如何代他而死？"

王献之很快便去世了，而王徽之也因背部的痈疮溃裂而去世。[1]

以上是王羲之之子王凝之、王徽之、王献之的相关故事。而王羲之本人，与道士许迈非常亲密。在《晋书》卷八〇《王羲之传》中，王羲之辞去会稽内史，成为逸民之后，有这样一段文字：

又与道士许迈共修服食，采药石不远千里，遍游东中诸郡，穷诸名山，泛沧海，叹曰："我卒当以乐死。"[2]

"服食"即服用仙药。据说，为了修行服食，王羲之和许迈一同四处采集药石。而《晋书》卷八〇《王羲之传》的末尾，也再次提及王羲之与许迈共游一事：

1.原书在"痈疮"一词下添加了着重号，未知何意。考虑到本书第三章《黄庭经》篇"服食养生"一节中曾提及服用寒食散的人"痈疮陷背"，作者或许是想提示王徽之可能也服散。不过背发痈疮在中国古代很常见，未必全与寒食散相关。
2.该句作者仅作训读，故直接引用古文原句。

始羲之所与共游者许迈。[1]

随后，《晋书》卷八〇《王羲之传》又附上了许迈的列传，开头写道：

> 许迈，字叔玄，一名映，丹杨句容人（今江苏省句容市）也。[2]

据此列传，许迈虽然出身士族，却完全没有进入官界的意愿。在他年未满二十岁时，既是学者、同时也作为占卜家而知名的郭璞对其预言道：

> 君元吉自天，宜学升遐之道。[3]

所谓"元吉"，是《易经》中的词语。郭璞这句话的意思是说，上天赐予许迈"元吉"的兆象，因此最好去修习"升遐之道"——也就是神仙道术。就这样，许迈确定了自己的人生道路。他立刻去拜访有名的神仙家鲍靓，获得神仙道的秘要。不过，由于双亲尚在世，许迈不忍心离开父母，于是在悬霤山立精舍，往来于茅山洞室。悬霤山位于余杭（今浙江省杭州市余杭区），临近延陵茅山。据说，茅山是洞庭西门，有密道通往

---

1. 该句作者仅作训读，故直接引用古文原句。
2. 该句作者仅作训读，故直接引用古文原句。
3. 该句作者仅作训读，故直接引用古文原句。

五岳，陈安世、茅季伟等人皆曾在此云游。[1]每月头日、十五日，或季节变换时，许迈都会离开精舍，恭问双亲起居。

在此稍稍说明一下。延陵茅山是位于今南京市东南方向的一座小山，距离许迈的故乡句容很近。茅山是道教圣地的洞天之一。存在于人世间的仙界，也就是洞天。一般认为，洞天之间、洞天与五岳名山之间都有地下道路相通，而茅山是"洞庭西门"。这里的"洞庭"不是位于湖南省的洞庭湖，而是位于江苏省的太湖。茅山洞天与太湖洞天相通，是其西门。所谓洞室，是神仙所居洞天内的宫室。另外，前文提及的陈安世、茅季伟，自然都是神仙。

许迈的双亲去世后，他将妻子孙氏送回娘家，开始了与同好之士巡游各地名山的生活。据说，许迈首先在桐庐县（今浙江省桐庐县）的桓山过了三年服食的生活。从某时起，许迈下决心断谷，但由于桓山邻近村庄，无法专心致志，于是他在房屋四周围了一圈篱笆，与前来拜访的修仙问道之徒在楼上交谈。顾名思义，断谷就是戒断谷物。古人或认为食用谷物会导致血液浑浊，或认为人体内有恶鬼筑巢，恶鬼会食用谷物的精华而生长。因此自古以来，断谷便是最重要的道术之一。此外，许迈还不断修习名为"服气"的吐纳之术，据说他呼吸一次，等于常人呼吸千次以上。后来，许迈迁居到临安（今浙江省杭州市临安区）西山。此次迁居的时间，《晋书》卷八〇《王羲之

1.《晋书》卷八〇《王羲之传》："〔许迈〕谓余杭悬霤山近延陵之茅山，是洞庭西门，潜通五岳，陈安世、茅季伟常所游处，于是立精舍于悬霤。"本书第三章《黄庭经》篇"道士许迈"一节中，作者将之理解为陈安世、茅季伟等人曾云游悬霤山，"洞庭之西门"为悬霤山。这里理解为云游茅山，"洞庭之西门"也变成了茅山。从字面意思来看，两种理解皆可通。

传附许迈传》记载是在永和二年（346），其他资料作永和四年（348），永和四年可能是正确的说法。在临安西山，许迈"登岩茹芝"[1]，遥想自得，产生了在此终老的想法，于是改名许玄，字远游。据说许迈曾创作十二首论及神仙之事的诗歌，但今已不传。

关于许迈与王羲之的交往，据《晋书》卷八〇《王羲之传附许迈传》记载，王羲之每次造访许迈，一去就是好几天，乃至于忘记了回家。两人是"世外之交"，即远离浮世的交往。在某次寄给王羲之的尺牍中，许迈这样写道：

> 自山阴南至临安，多有金堂玉室，仙人芝草，左元放之徒，汉末诸得道者皆在焉。[2]

山阴即今浙江省绍兴市，是王羲之的居住地所在。左元放是东汉末年的左慈。当时人相信，左慈体会仙道而成为神仙。神仙，也就是永生之人。左慈等人"皆在焉"这句话，我认为并非过去时，而是现在进行时，是说左慈这些人目前仍然居住在这些地方。王羲之曾为许迈作传，其中记载了各种灵异事迹。除了《晋书》卷八〇《王羲之传》中的许迈附传，还能够看到几种许迈的传记。遗憾的是，我们并不清楚哪个是王羲之写的。总之，许迈临终的情况不太清楚。神仙道的信徒传言，他最终羽化登仙。

在《真诰》一书中，有极简略的许迈传，将之称为"先生"。

1.《晋书》卷八〇《王羲之传附许迈传》。
2.《晋书》卷八〇《王羲之传附许迈传》。该句作者仅作训读，故直接引用古文原句。

关于《真诰》，我们后面再谈。先来看这个传记：

> 先生名迈，字叔玄，小名映，清虚怀道，遐栖世外，故自改名远游。与王右军父子周旋，子猷乃修在三之敬。[1]

文中的"王右军"，自不必说就是王羲之。"周旋"指亲密地交往。"子猷"是王徽之。所谓"在三之敬"，是对君主、老师与父亲这三者的尊敬。《真诰》记载，许迈生于东晋永康元年（300），永和四年（348）秋天，在他四十九岁时"绝迹于临安西山"[2]。

王羲之尺牍中的"先生"

接下来谈一谈提纲（Ⅱ）——王羲之尺牍中的"先生"。在王羲之的尺牍中，也有被称为"先生"者，所指应该还是许迈。关于王羲之尺牍，这里所用版本是森野繁夫、佐藤利行所编纂的《王羲之全书翰》（以下简称《全书翰》）。书中第三六八号《先生顷可尔帖》载：

> 先生顷可耳，今日略至，迟委垂，知乐公可为之慰。[3]

森野繁夫、佐藤利行的现代语译文为：

1.《真诰》卷二〇《翼真检第二》。该句作者仅作训读，故直接引用古文原句。
2.《真诰》卷二〇《翼真检第二》。
3. 王羲之：《杂帖》，见张彦远：《法书要录》卷一〇《右军书记》。

先生近日身体康健，大概今天能到达 [我这里]，我等待具体通知。我想乐公也会见到先生，感到安心。

对于上文中的"先生"，书中注释为："指道士许迈。"此外，第四三九号《先生适书帖》载：

先生适书，亦小小不能佳，大都可耳。[1]

森野繁夫、佐藤利行的现代语译文为：

先生偶尔给我来信。虽然看来还是一点儿好转都没有，但大体还行。

关于这里的"先生"，书中也有注释："先生指许迈。因许迈是道士，故有此言。"

书中第一九一号为《玉润帖》，也被称为《官奴帖》。其原文为：

官奴小女玉润，病来十余日，了不令民知。昨来忽发痼，至今转笃。又苦头痛，头痛以溃，尚不足忧。痼病少有差者，忧之燋心，良不可言。顷者艰疾未之有，良由民为家长，不能克己勤修，训化上下，多犯科诫，以至于此。民唯归诚，待罪而已。此非复常言常辞，想官奴辞以具，不复多

---

1. 王羲之：《先生帖》，入刻《大观太清楼帖》。

白。上负道德，下愧先生，夫复何言。[1]

这里，我尝试自己翻译成现代语：

> 官奴的小女儿玉润发病已经十多天了，我什么消息都没收到。前几天，玉润突然旧疾发作，现在越来越严重了。此外，她头上有疖子，很难受。现在疖子已经破了，所以不必担心。玉润这些老毛病什么时候好，真令人揪心。对这件事情，我无话可说。以前所患难治之症，没有像这次这么严重的。这种情况，完全是由于身为家长的我，不能尽责修养自身、教育家人，犯了各种科诫，所以才变成这样。我现在只想着归心于诚德，等待审判我的罪责。这些并非日常套话，因有官奴之事，所以才详细说几句，其余的话就不多说了。我上有负道德，下愧对先生，实在无言以对。

上文的"官奴"，似指王献之。而"先生"，应该也还是指许迈。话说回来，该尺牍的内容，完全是道教徒王羲之极其深刻的忏悔告白。所谓"家长"，一般认为是侍奉道教众神的一家之长。所谓"科诫"，显然是指道教徒应当遵守的戒律。另外，"上负道德"一句的"道德"，对道教徒而言，自然是指作为道家经典的老子《道德经》，或者也可以说是指《道德经》所论述的"道"与"德"。[2] 如上所见，王羲之严厉地自责，认为自己身为家长却没有担负起责任，并且还犯了各种戒律，导致

---

1. 王羲之：《官奴帖》，又被称为《玉润帖》，入刻《宝晋斋帖》。
2. 《道德经》由两大部分组成，一为《道经》，一为《德经》，"道"与"德"即此。

孙女玉润生了重病。不过，王羲之的自责并没有起作用，玉润似乎很快就去世了。并且在十天内，两个孙女相继去世。在王羲之的好几封尺牍都提及了此事。《全书翰》第一九二号《延期官奴小女帖》，就是一例。"延期"似乎是王羲之七个儿子中的某一个。在此，请允许我直接引用书中的现代语译文：

> 延期、官奴年幼的女儿们突然生病，随即无可救药。我心中的疼痛怎样都无法排遣。我已时日无多，仅以这些孙辈们为乐，想以此安慰余年。没想到十日之内，两位孙女竟幼年而逝。[1]

《真诰》的世界与王羲之

接下来请看提纲（Ⅲ）——《真诰》的世界与王羲之。在此首先对前已提及的《真诰》进行说明。《真诰》是南朝齐、梁时代上清派（或云茅山派）道士陶弘景（456—536）编纂的书籍。此书编纂完成，似乎是在公元五世纪最末。但内容主要由公元四世纪中叶、东晋兴宁年间（363—365）降临之道教众神的神诰构成。作为书名的"真诰"，意为真人——即神仙所言的诰语。《真诰》的主题，概括而言，是道教众神以灵媒杨羲为中介，向许谧（又名许穆）及许谧之子许翙降下神诰，以此教诲许谧、许翙父子，引导他们进入仙界。在书中，许谧常被称为许长史，许翙常被称为许掾。此外，道教众神之中扮演主要角色的是名为南岳魏夫人的女神仙魏华存。南岳魏夫人的事

1.法帖原文为："延期、官奴小女并得暴疾，遂至不救。愍痛贯心，奈何。吾以西夕，至情所寄，唯在此等，以禁慰余年。何意旬日之中，二孙天命。"见张彦远：《法书要录》卷一〇《右军书记》。

迹，在颜真卿任抚州刺史时所撰并亲书的《魏夫人仙坛碑铭》中有详细记载。

《真诰》中道教众神降临的主要舞台，是已在《晋书》卷八〇《王羲之传附许迈传》中提及的茅山。陶弘景的道教上清派也以茅山为祖庭，因而被称为茅山派。不过，杨羲、许谧、许翙等人所写下的众神口授之神诰，在他们仙逝后逐渐散佚。因此，陶弘景悉心收集分散于江南各地的神诰片段，编成《真诰》七篇，对每一处都加以详细注释。这七篇的名称为《运象篇》(亦名《运题象》)[1]《甄命授》《协昌期》《稽神枢》《阐幽微》《握真辅》《翼真检》。其中，《运象篇》至《阐幽微》五篇是众神神诰的集成；《握真辅》收集了杨羲、许谧、许翙三人对道教经典与世俗书籍的摘录、对自己梦的记录以及相关尺牍；最后的《翼真检》是对《真诰》一书的整体解说，为陶弘景亲笔所撰。

《真诰》一书，反映出王羲之一门所信仰的张氏五斗米道所不具备的道教新教义。例如，它强调诵读道教经典的功德、"存思"之术等。书中认为，人体各部分寄宿着神灵，冥想体内神灵的姿态，清楚感悟神灵的存在，就是所谓的"存思"。不过，尽管王羲之信奉的是张氏五斗米道，但他无论是与《真诰》中反映的道教，还是与《真诰》的世界，都并非完全无缘。实际上，《晋书》中完全没有提及的一点是，与王羲之亲密往来的道士许迈，正是《真诰》中担任重要角色的许谧之兄。作为许翙伯父的许迈，也因此屡屡在《真诰》中登场。

1.《真诰》第一篇篇名，《道藏》版本写作"运象篇"，其他版本写作"运题象"。吉川忠夫、麦谷邦夫编：《真诰研究（训注篇）》取《道藏》版本作"运象篇"，故本书以此为准。

不仅如此，王羲之的书法作品中还有《黄庭经》。《黄庭经》分为《内景经》与《外景经》两种，王羲之写的是《外景经》。《黄庭经》论述了刚才提到的存思体内神灵之术，故在《真诰》中被认为是极为重要的道教经典之一。此外，《真诰》中还有传递王羲之消息的神仙所语——即神诰，但只有一条，位于《阐幽微》一篇中。这条有关王羲之的消息，是他去世后在冥界的状况：

【古文原句】
王逸少有事系禁中已五年。云事已散。

【现代语译】
王逸少因某事被关押在禁中已五年。他说事情已经了结了。

神仙所传递的王羲之消息，只有这些。陶弘景对此句的注释如下：

即王右军也。受时不欲呼杨君名，所以道其字耳。[1]

"王逸少"指王右军，也就是王羲之。为何此神诰不直呼王羲之，而要以其字逸少来称呼？陶弘景指出，这是因为如果直呼王羲之本名，就犯了受神诰者杨羲的名讳。[2] 他又接着写道：

1.《真诰》卷一六《阐幽微第二》。该句作者仅作训读，故直接引用古文原句。

2.王羲之、杨羲姓名中皆有"羲"字，故陶弘景有此语。六朝时期，在对话中回避对方及其长辈之名讳是士族的一种惯常礼节。

逸少即王廙兄旷之子，有风烈，善书。后为会稽太守。永和十一年（355）去郡，告灵不复仕。[1]

所谓"告灵"，指王羲之在父母灵前献上《誓墓文》一事。陶弘景又云：

先与许先生周旋，颇亦慕道，至昇（升）平五年（361）辛酉岁亡，年五十九。今乙丑年（兴宁三年，365），说云五年，则亡后被系。被系之事，检迹未见其咎，恐以怼憾告灵为谪耳。[2]

为何王羲之会被牵连至冥界的禁中，陶弘景检查了王羲之的事迹，也不知道原因。他推测可能是王羲之在《誓墓文》叙述怨恨，故而被问罪。顺带一提，陶弘景的注释记载王羲之卒于升平五年，是现存诸种文献记载中年代最早的。最近我得到了李长路、王玉池编著的《王羲之王献之年表与东晋大事记》（重庆出版社，一九九二年），作者坚决主张，王羲之的卒年绝

1.《真诰》卷一六《阐幽微第二》。该句作者仅作训读，故直接引用古文原句。

2.《真诰》卷一六《阐幽微第二》。该句作者仅作训读，故直接引用古文原句。

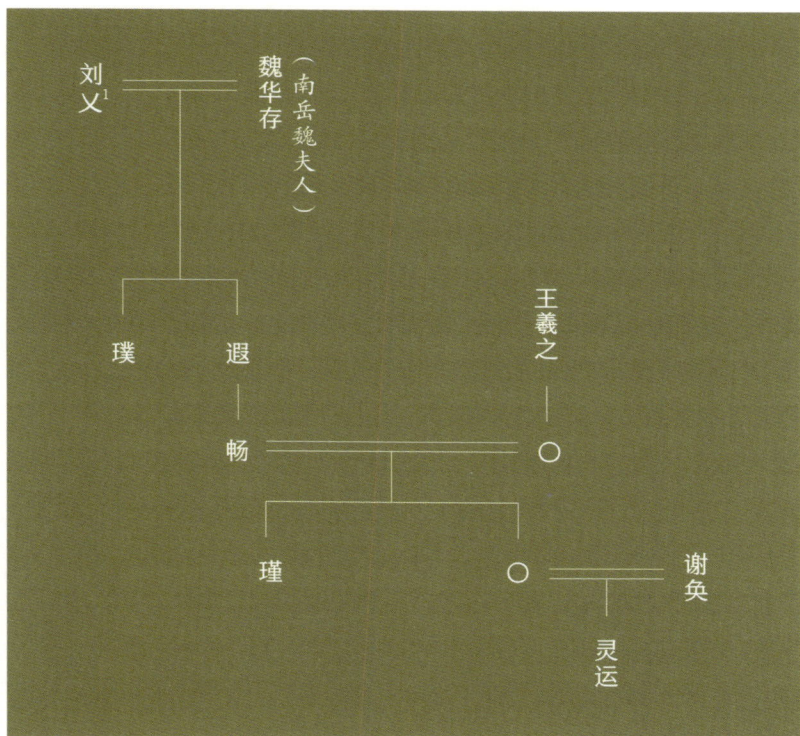

刘义[1] ——— 魏华存（南岳魏夫人）

璞　　遐

畅 ——————— 王羲之 ——— ○

瑾　　○ ——— 谢奂

灵运

⑭⑨

1.原书关系图中作"刘文"。一般认为，传世文献中的"刘文"乃"刘义"之误写，故此处改为"刘义"。

对是升平五年。

上文所引神诰，为兴宁三年（365）杨羲所授予。杨羲因擅长降神之灵力而受到颇高评价，贵族们的委托接连不断。该神诰很可能就是王氏族人委托杨羲而获得的。对王氏族人而言，他们应该非常挂念先祖在冥界的情况。这条神诰之后的内容还提及，王羲之的叔父王廙担任了冥界的部鬼将军一职。

虽然在《真诰》里，王羲之仅出现于以上这一条神诰之中，但一个意味颇深的事实是，王羲之的女儿嫁给了《真诰》中担任主要角色的女神仙南岳魏夫人——魏华存的孙子刘畅。王羲之有七个儿子、一个女儿，《全书翰》第一八八号《儿女帖》载：

> 吾有七儿一女，皆同生，婚娶已毕，惟一小者（献之）尚未婚耳。

森野繁夫、佐藤利行的现代语译文为：

> 我有七个儿子、一个女儿，都是同母所生。儿女们基本都结婚了。除了小儿子尚未婚娶。

顺带一提，公元五世纪的刘宋时代、以山水诗人而闻名的谢灵运（385—433），就是刘畅和王羲之女儿的外孙。换言之，谢灵运的身上流淌着王羲之与女神仙南岳魏夫人的血液。具体请见"魏华存、王羲之、谢灵运关系图"。

如前所述，魏华存的相关情况，在颜真卿《魏夫人仙坛碑铭》中有详细记载。尽管魏华存是女神仙，但她原本只是活动于当时人们身边的一位女性。其父魏舒在《晋书》中有传。咸和九年（334），魏华存去世。用道教的话说，她于此年仙化。《真诰》的注释记载，魏华存的次子刘遐为会稽内史，则王羲之唯一的女儿嫁给刘遐之子刘畅的因缘或许就在于此。总之，《儿女帖》表明两人成婚是在王羲之生前。而魏华存成为女神仙南岳魏夫人、降临神诰，是在升平五年（361）王羲之去世后的兴宁年间（363—365）。对王羲之一门而言，道教的神仙就存在于他们近旁，这是个非常有趣的事实。

王羲之的夫人郗璿

说起王羲之与《真诰》，《世说新语·贤媛》中所载王羲之夫人郗璿的逸事也可稍加关注。提纲（Ⅳ）——王羲之的夫人郗璿，即为此所设。王羲之夫人似乎相当长寿。大概是在王羲之去世后，一个名为王惠的人与王羲之夫人寒暄，询问道：

【古文原句】

眼耳为觉恶不？

【现代语译】

眼睛、耳朵会觉得使用不自如吗？

郗夫人则答云：

【古文原句】

发白齿落，属乎形骸；至于眼耳，关于神明。那可便与人隔？[1]

1.《世说新语》下卷上《贤媛第十九》。

【现代语译】

头发变白、牙齿脱落，关乎人的肉身；眼睛与耳朵，关于人的精神。哪里受得了与人相隔?

我之所以关注这件逸事，是因为在《真诰》中，教导人们要爱惜眼睛、耳朵的神诰为数不少。如《运象篇》中女神仙九华真妃云:

【古文原句】

眼者身之镜，耳者体之牖。视多则镜昏，听众则牖闭。妾有磨镜之石，决牖之术，即能彻洞万灵，眇察绝响。

【现代语译】

眼睛是身体的镜子，耳朵是身体的窗户。看的东西多了，则镜子变模糊，听的东西多了，则窗户被闭上。我有磨镜的砥石，有打开窗户的法术，能立刻看透万灵，听到遥远的声音。

再如《协昌期》中摘录了名为清灵真人的神仙所说《宝神经》:

【古文原句】

求道要先令目清耳聪，为事主也。且耳目是寻真之梯级，综灵之门户。

【现代语译】

探求仙道，最首要的事情就是眼睛清澈、耳朵灵敏。并且耳朵、眼睛是寻求神仙的阶梯，接纳神灵的门户。

王羲之: 六朝贵族的世界

又如同篇中还可见女神仙云林王夫人的神诰：

【古文原句】

仙真之道，以耳目为主。淫色则目闇，广忧则耳闭。

【现代语译】

神仙道以耳朵、眼睛为重。沉溺于色欲则眼睛模糊，忧愁多则耳朵堵塞。

《真诰》所载相关内容大致如上。

郗氏诸人

王羲之夫人的娘家郗氏诸人，尤其是郗璿之弟郗昙、郗愔两人，是极为热忱的道教信徒。因此，提纲（Ⅴ）以"郗氏诸人"为题。据《晋书》卷六七《郗愔传》，郗愔与姐夫王羲之、高士许询等人一同"栖心绝谷，修黄老之术"。"绝谷"是前已说明的"断谷"，"黄老之术"指道教的道术。另外，《世说新语》下卷下《排调第二十五》载：

二郗奉道，二何奉佛，皆以财贿。[1]

上文中的"二郗"即郗愔、郗昙兄弟，"二何"即何充、何準兄弟。"二郗"信仰道教、"二何"信仰佛教，他们都在信仰上花费了大量金钱。故而这则记载随后写到谢中郎——即谢万对此评价云：

---

1. 该句作者仅作训读，故直接引用古文原句。

二郗谄于道，二何佞于佛。[1]

在《世说新语》下卷上《术解第二十》，还有则很有意思的笑话：郗愔是个非常坚定的道教信徒，他总是肚子不舒服，虽然看了很多医生，但完全治不好。郗愔听说佛教僧侣于法开以医术知名，故拜托于法开前来诊疗。于法开来了之后，给郗愔把脉，说道：

【古文原句】

君侯所患，正是精进太过所致耳。

【现代语译】

殿下的病，正是修炼太过勤奋所导致的。

于法开给郗愔开具了汤药，郗愔服下之后，一下子就排出了重叠好几层、如拳头大小的纸。剖开一看，竟然是此前所服用的道符。由此故事可见道教徒不仅服用灵水，还服用道符。

郗愔在《真诰》中屡屡登场，甚至被称为《真诰》中的主要角色许谧的"同学"，即共同修行仙道的同好。《真诰》的《运象篇》记录了某年九月六日晚女神仙紫微夫人为启示许谧而授予的五言诗，并说明道：

示许长史，并与同学。[2]

1.该句作者仅作训读，故直接引用古文原句。
2.该句作者仅作训读，故直接引用古文原句。

据陶弘景的注释，这里的"同学"乃"郗方回"。方回是郗愔的字。此外，同书同篇所载紫微夫人九月九日所作五言诗，也是通过许谧来告知郗愔。其中一句曰：

借问求道子，何事坐尘波。[1]

可见紫微夫人将郗愔称为"求道之子"——神仙道的探求者。此外，同书同篇所载八月七日右英王夫人授予许谧的神诰中有这样一句：

【古文原句】
欲以裴真人本末示郗者可矣。
【现代语译】
你想把裴真人本末拿给郗愔看，这很好。

所谓"裴真人本末"，指《清灵真人裴君传》。该传记用文雅小说的风格，记载裴玄仁累积各种修行、成为神仙清灵真人的过程。上述神诰认为，向郗愔展示此书、鼓励其修行的打算甚好。

《真诰》中也屡屡提及郗家人在冥界的情况。对于郗家众人而言，先祖在冥界的情况大概令他们非常挂念。因为时间关系，这里就不详细展开了，在此稍稍举例。如郗鉴与薛春华都非常关心郗氏一族，对郗家众人而言是福神，因此建议按时节

1.该句作者仅作训读，故直接引用古文原句。

加以祭祀。反之，郗雄与阎屈之女是郗家的厄病之神等等。[1]在《甄命授》中，诸如此类以神谕形式所传递的消息还有许多。

三君手迹

最后来看提纲（Ⅵ）——三君（杨羲、许谧、许翙）手迹。毫无疑问，陶弘景热心收集众神的神谕，将之编纂为《真诰》，主要就是基于他的宗教热情。在《真诰》的《翼真检》一篇中，陶弘景写到，茅山派道教所依据的上清经典正来自这些神仙所口授的神谕：

> 伏寻《上清真经》出世之源，始于晋哀帝兴宁二年（364）太岁甲子，紫虚元君上真司命南岳魏夫人（魏华存）下降，授弟子琅琊王司徒公府舍人杨某（杨羲），使作隶字写出，以传护军长史句容许某（许谧）并弟（第）三息上计掾某某（许翙）。二许（许谧与许翙）又更起写，修行得道。凡三君（杨羲、许谧、许翙）手书，今见在世者，经传大小十余篇，多掾（许翙）写，真四十余卷，多杨（杨羲）书。[2]

所谓"真受"，即神仙直接口授的神谕。顺带一提，关于神谕"使作隶字写出"，即用隶书加以书写一事，《真诰》的《运象篇》中有杨羲与紫微夫人之间一段有趣的对话。杨羲询问紫微夫人云：

1.《真诰》卷八《甄命授第四》："郗瞿与薛春华至垂心于门宗，初不以生人为事。然讼者多，但不能成制之耳。每见谏考诉者，甚黮至也。时节宜祠之耶。此二人，郗家之福鬼。……郗雄与阎屈女不相当，负石之役，于今未了。喜击犯门宗，心常杀绝，此二人是郗家之祸鬼。"
2.该段作者仅作训读，故直接引用古文原句。

　　　　　　　　　　　　王羲之：六朝贵族的世界

【古文原句】

真灵既身降于尘浊之人，而手足犹未尝自有所书。故当是卑高迹邈，未可见乎？

【现代语译】

神灵们特意降临于污秽众多的人类，但从未亲手书写文字。是否由于卑下人类与高贵神灵的文字相隔遥远，因此无法得见？

紫微夫人则回答道，神仙所用文字与世俗凡人所用文字本来就完全不同。凡人使用的文字是"流尸浊文，淫僻之字（污浊的文字，放纵、偏颇的文字）"、"死迹（已死的文字）"。因此，神仙既不会舍弃自己所擅长的文字，而去书写那些淫乱低等的文字，也不会把神仙文字展示给世俗凡人。[1]

陶弘景收集诸多神诰的动力，自然源自其宗教热情，但似乎不止于此。陶弘景是知名书法家，有种观点认为他就是《瘗鹤铭》的作者。[2]当然，《瘗鹤铭》的实际作者究竟是谁，存在相当的争议。此外，陶弘景还擅长鉴定书法。他曾经从梁武帝处借阅秘府收藏的王羲之书法两卷。其中一卷共有十二帖，陶弘景鉴定以为有四帖并非真迹。另一卷有二十一帖，陶弘景认为也有十帖并非王羲之真迹，并且名为"缪袭告墓文一纸"的

1.参见《真诰》卷一《运象篇第一》："夫人因令复坐，即见授令书此以答曰：'……尔乃见华季之世，生造乱真，共作巧末，趣径下书，皆流尸浊文、淫僻之字，舍本效假，是嚚秽死迹耳。夫真仙之人，曷为弃本领之文迹，手画淫乱之下字耶。……且以灵笔真手，初不敢下交于肉人，虽时当有得道之人，而身未超世者，亦故不敢下手陈书墨，以显示于字迹也。'"
2.《瘗鹤铭》是古代著名书法作品，原刻于镇江焦山西麓崖壁上，具体作者不明，存在多种观点。

法帖实际为许先生、也就是许迈的作品。

实际上，像陶弘景这样既能亲自手书，又擅长鉴定书法者，其内心也被书写神诰的杨羲以及许谧、许翙父子的书法所深深吸引。尤其是杨羲的书法，令陶弘景着迷不已，毫无保留地给予高度评价：

【古文原句】

按三君手迹，杨君书最工，不今不古，能大能细。大较虽祖效郗法，笔力、规矩并于二王。而名不显者，当以地微，兼为二王所抑故也。[1]

【现代语译】

若论三君（杨羲、许谧、许翙）的书法，杨君（杨羲）的书法最巧妙，既非今体，也非古体，大字、细字均熟练自如。其大体效仿郗愔的书法，但笔势、结构皆可与二王（王羲之、王献之）匹敌。不过杨羲的名声不显，这自然是由于他的门第低微，可能也兼有被二王压制的因素在内。

对于许谧、许翙的手迹，陶弘景的评价如下：

【古文原句】

掾书乃是学杨，而字体劲利，偏善写经画符，与杨相似。郁勃锋势，迨非人功所逮。长史章草乃能，而正书古拙，符又不巧。故不写经也。[2]

1.《真诰》卷一九《翼真检第一》。
2.《真诰》卷一九《翼真检第一》。

王羲之：六朝贵族的世界

掾（许翙）的书法学自杨羲，字体锐利，尤其擅长写道经、画道符，与杨羲的字很相似。其笔意奔涌，绝非人工所能及。长史（许谧）的章草很出众，但正书（楷书）古拙，也不擅长画符。因此长史不写道经。

令陶弘景赞不绝口、认为可以匹敌二王的杨羲手迹，现今连一鳞半爪都无缘得见，诚为憾事。

---

* 本文为一九九五年八月六日于大阪艾维娜酒店（Hotel Awina Osaka）召开的第十七回书论研究会大会演讲笔录，原刊于杉村邦彦主编《书论》杂志。

魏武帝為北君太傅　孫策漢高祖晉皇

帝當數為四明賓友

史元覬弟以為常中衛大將以華歆

蓉司馬防詔軍公也飲思岳數十人

孔文舉為中衛大浮軍陶侃為西河庚

求勝含句代求許

王逸少皆事繫禁中已土年云事已概

世孝之人死頭皆為地下主者一百○十年矣

直一日守之門及浩侍車農々侍寓為

溫古志為監海一圍伯取杜預為長史

人卧家宇當之當盡列更靈氣不當如更

故氣、諸人寓宇去阿為成阿凡不立一

于心當洗泥澡寓故氣志鬼神

產泡而泗之等也

侍車農君以人李廣王嘉印賽學也

世之侍中

王羲之年谱

公历	年号	年龄	年谱	关联事项
307	永嘉元年	1	出生。父亲为淮南太守王旷。	琅琊王司马睿由下邳移镇建康。
311	永嘉五年	5		匈奴袭击洛阳,掳晋怀帝至平阳。
313	建兴元年	7		晋怀帝死于平阳。晋愍帝于长安即位。郗愔出生。
317	建武元年	11		司马睿即晋王位。
318	太兴元年	12	父亲传授用笔法,不久后去世。卫夫人赞赏王羲之书法。	司马睿即皇帝位。
320	太兴三年	14		谢安出生。郗昙出生。
322	永昌元年	16	叔父王廙授予《孔子十弟子图画赞》。	王敦于武昌起兵反叛,控制建康。
323	太宁元年	17		王敦移镇姑孰。
324	太宁二年	18	与郗鉴之女郗璿完婚。	王敦去世。

公历	年号	年龄	年谱	关联事项
326	咸和元年	20	约在此前后起家秘书郎，后历任会稽王友、临川太守。	
334	咸和九年	28	前往武昌任庾亮幕府参军，后转任长史。殷浩亦在武昌。	
339	咸康五年	33		王导去世、郗鉴去世。
340	咸康六年	34	任宁远将军、江州刺史。	庾亮去世。
343	建元元年	37		庾翼筹划北伐，由武昌移镇襄阳。谢尚以西中郎将，豫州刺史镇历阳。葛洪去世。
345	永和元年	39		会稽王司马昱辅政。
346	永和二年	40		殷浩任建武将军、扬州刺史。许迈闭关修行于临安西山。
347	永和三年	41		桓温平后蜀。
348	永和四年	42	入朝任护军将军。	谢尚以安西将军移镇寿春。
349	永和五年	43		后赵石虎去世。王胡之北伐计划受挫。桓温、褚裒北伐亦失败。荀羡以北中郎将、徐州刺史镇京口。

王羲之年谱

公历	年号	年龄	年谱	关联事项
350	永和六年	44		冉闵建魏。
351	永和七年	45	任右军将军、会稽内史。	桓温上书北伐,朝廷不回应。
352	永和八年	46		殷浩北伐失败。苻健建前秦。慕容儁建前燕。
353	永和九年	47	三月三日举办兰亭会,撰《兰亭序》。主张反对北伐。	
354	永和十年	48		殷浩失势,蛰居东阳郡。王述任扬州刺史。桓温北伐,军至灞水。
355	永和十一年	49	三月五日,于先祖墓前上《誓墓文》,退出官界,成为会稽逸民。	
356	永和十二年	50	写《黄庭经》	桓温北伐,夺回洛阳。
357	升平元年	51		谢尚去世,谢奕代之,以安西将军、豫州刺史镇历阳。慕容儁由中山迁都邺城。
358	升平二年	52		谢奕去世,谢万代之,镇历阳。郗昙任北中郎将、徐兖二州刺史,镇下邳。

公历	年号	年龄	年谱	关联事项
359	升平三年	53		谢万、郗昙两军为前燕所败。 谢万失势。
360	升平四年	54		谢安出仕,前往江陵任桓温幕府司马。
361	升平五年	55		郗昙去世。 郗愔辞去临海太守,隐居章安。
362	隆和元年	56		此时,谢安转任吴兴太守。
364	兴宁二年	58		洛阳为前燕所夺。
365	兴宁三年	59	去世。	陶渊明出生。

参考文献

中田勇次郎：《王羲之を中心とする法帖の研究》，二玄社，一九六〇年。

福永光司：《王羲之の思想と生活》，《爱知学芸大学研究報告》，第九辑。

杉村邦彦：《王羲之試論》，《由蘗》，第一号。

朱杰勤：《王羲之评传》，太平书局（香港），一九六三年。

兴膳宏译：《晋书·王羲之传》，收入《世界文学大系》七十二《中国散文選》，筑摩書房，一九六五年。

平凡社刊：《書道全集》第四卷《中国·東晋》，一九六〇年。

中央公论社刊：《書道芸術》第一卷《王羲之·王献之》，一九七一年。

"清水新书"版后记

在本书中，我究竟向读者们展现了一个怎样的王羲之？在截至目前王羲之研究的基础上，我又增加了多少新内容？这些问题，只能全凭读者们自行判断了。如果说本书有什么特色的话，大概是如下两点：一是本书对王羲之书法背后之物进行了考察。尤其是王羲之爱好山水、道教信仰与其书法之间的关系，本书做了稍许思考。另一点是本书充分利用了王羲之的尺牍。不过，由于王羲之尺牍极为难懂，暂且不论译文是精巧还是笨拙，其中的错误大概是不少的。

王羲之的尺牍之所以难懂，主要有以下三点原因：（1）尺牍的文体与当时通行的文体差异极大；（2）尺牍来往的场景只能依靠读者的推理与想象；（3）这些尺牍作为法帖在流传过程中会产生错字与释文错误。

于是，我对王羲之尺牍的释读工作如老牛蹀步一般进展缓慢。不过，一边参考着前辈们的成果，一边逐条阅读的那种喜悦，难以与诸位读者言说，只能由我自己独享了。在阅读过程中，时常会感到与王羲之心意相通，这是我在撰写本书时的最大收获。我相信，如果将来能够更为详尽、缜密地解读王羲之尺牍。那么，这些材料必定可以细致重构一位六朝贵族的生活内外。

吉川忠夫

1971年6月

岩波现代文库版后记

　　本书的最初版本刊行于三十八年前，为清水书院"人与历史·东洋"系列丛书中的一册。书的版权页写着"昭和四十七年一月五日，初版发行"，还附上了我当时的照片。"昭和四十七年"即一九七二年。不可思议的是，一月五日那天正是我三十五岁生日。十二年后的一九八四年，本书又作为"清水新书"系列的一册刊行。从那时算起，已经又过了二十六年。此次，本书能够入选更换了全新外观的"岩波现代文库"，对我而言乃是望外之幸。拙著湮埋已久，有劳岩波书店编辑部的赤峰裕子女士与大冢茂树先生将之再度发掘出来。在这里，我想表示深深的感谢。

　　现今重读这部如同自己儿女一般年纪的作品，处处都是青涩的叙述与表达，令人赧然。我在书中对郭沫若先生《兰亭序》伪作说"的反驳，曾有位朋友在阅读后欣然会意，然而那位朋友已故去。当初撰写时，很多词汇用平假名来书写，现今反而觉得很难读，不过本次并没有重新润色，其余内容的修订也只停留在了最小限度内。在清水书院版的《后记》中，我曾谈及逐条阅读王羲之的喜悦之情"难以与诸位读者言说，只能由我自己独享了"。此后，由森野繁夫、佐藤利行两位集成王羲之尺牍并加以注释的《王羲之全书翰》（白帝社，一九八七年）出版发行。我自己也应约写了几篇关于王羲之的文章。此次出版，我将其中四篇收入书中，组成了本书的附篇《王羲之——

对其内在的探寻》。这四篇文章的原刊及撰写时间如下：

（1）《读〈丧乱帖〉》[1]，《墨》通卷一二四号，一九九七年一·二月号。

（2）《王羲之与山水》[2]，季刊《墨》特辑（王羲之），一九九〇年4月。

（3）《王羲之——追求生的充实》，《书法游艺》，二〇〇一年一月[3]。

（4）《王羲之与道教》，《书论》三十一号，一九九九年五月[4]。

附篇收录的文章在内容上与第一部有所重叠[5]，不过，我自负其中多少有些新的见解。例如，本书第二章虽然提及了《丧乱帖》[6]，但未能确定"丧乱之极，先墓再离荼毒"中的"先墓"所在何处。而附篇一《读〈丧乱帖〉》一文则论述以为"先墓"在洛阳东北郊外的邙山。

此外，正如《王羲之与道教》这一直白标题所见，本书附篇中有多篇文章对王羲之与道教的关系、王羲之与道教的周边诸事相给予了格外关注，并展开了不少论述。例如在介绍许迈寄给王羲之的尺牍时，本书第三章以过去时将之译为：

---

1. 文章原名为《〈丧乱帖〉を読む》。
2. 文章原名为《王羲之と山水》。
3. 文章原名为《王羲之——生の充実を求めて》，所刊杂志日文名为《書に遊ぶ》。
4. 文章原名为《王羲之と道教》，所刊杂志日文名为《書論》。
5. 日文版原书第一部即本书第一至三章。
6. 参见本书第二章《丧乱帖》中"江南囚徒"一节。

左元放等东汉末年的成仙得道者，此前均驻在此处。[1]

而在附篇四《王羲之与道教》一文中，我重新考虑后认为：

> 神仙，也就是永生之人。左慈等人"皆在焉"这句话，我认为并非过去时，而是现在进行时，是说左慈这些人目前仍然居住在这些地方。

谈及王羲之时，之所以会稍稍深入地考虑他与道教的关系，最初的契机是我在京都大学人文科学研究所工作时加入了"六朝道教研究"的共同研究班。研究班对《真诰》展开了集体阅读。在王羲之所生活的公元四世纪，道教诸神——即神仙降临凡间，口授神诰。生活于公元五、六世纪的陶弘景所编纂的《真诰》，就是这些神诰的集成。研究班集体阅读《真诰》的成果，以吉川忠夫、麦谷邦夫编《真诰研究（译注篇）》一书的形式，由京都大学人文科学研究所于二〇〇〇年三月刊行问世。此外，正如本书附篇《王羲之与道教》《王羲之——追求生的充实》中所述，《真诰》中不仅出现了王羲之周边的许多人物，还可以看到与王羲之相关的神诰，尽管只有一条。围绕王羲之与道教的关系，除了本书附篇所收文章，笔者已刊行的文章还有如下三种：

（1）《王羲之及其时代》，收入吉川忠夫：《书法与道教

1.见第三章《黄庭经》篇"道士许迈"一节。

的周边》，平凡社，一九八七年。[1]

　（2）《〈官奴贴〉与道教——王羲之的信仰生活》，收入吉川忠夫：《书法与道教的周边》，平凡社，一九八七年。[2]

　（3）《王羲之与许迈——兼论王羲之与〈真诰〉》，收入吉川忠夫：《读书杂谈》，岩波书店，二〇一〇年。[3]

冀盼各位读者拨冗阅读。

话说回来，关于王羲之的生卒年问题。本书第一、三章依照鲁一同《王右军年谱》的说法，认为王羲之出生于西晋永嘉元年（307），去世于东晋兴宁三年（365）。而《真诰》所载王羲之相关神诰的陶弘景自注云：

　　昇（升）平五年辛酉岁亡，年五十九。[4]

若按《真诰》此说，则王羲之应生于西晋太安二年（303），去世于东晋升平三年（359）。

此外，今年年初我收到从中国寄来的《文史》杂志二〇〇九年第三辑，其中刊载了范子烨《陶渊明的宗教信仰及相关问题》一文。这篇论文很长，内容确如标题中的"相关问题"所云，涉及陶渊明的方方面面。在论及陶渊明以"游斜川"为

———

1.文章原名为《王羲之の人と時代》，所收书籍日文名为《書と道教の周边》。

2.文章原名为《〈官奴帖〉と道教——王羲之の信仰生活》，所收书籍日文名为《書と道教の周边》。

3.文章原名为《王羲之と許邁——また王羲之と「真誥」》，所收书籍日文名为《読書雑志》。

4.《真诰》卷一六《阐幽微第二》。

题所作五言诗序时，作者认为该序的撰写受到了王羲之《兰亭序》的影响，并在注释中提及了王羲之的生卒年问题。

根据范子烨的注释，绍兴收藏家张笑荣近期获得了王羲之夫人郗璿的墓碑，高六十八点五厘米，共计二十八行、三百五十四字，以隶书刻写。该墓碑记载，郗璿的丈夫王羲之于升平二年四月去世，时年五十六岁，葬于会稽山阴县之南乡。如此，则王羲之出生于西晋太安二年（303），去世于东晋升平二年（358），与鲁一同说、陶弘景说均不同。[1] 尽管范子烨认为该墓碑的记载可信，但他未必见到了实物，或许仅是基于新闻报道所提供的信息。而对于身处异国的我等而言，就更没有办法辨别这方墓碑的真伪了。

吉川忠夫

2010 年 8 月

---

1. 按张笑荣所得石刻题为"晋前右将军会稽内史王府君夫人高平乡都乡□平里郗氏之墓识"，是否为墓碑，有待探讨。范子烨《陶渊明的宗教信仰及相关问题》将之称为墓碑，故此处作者沿袭了范子烨的说法。该石刻的信息及王羲之生卒年的相关论述，参见范子烨：《陶渊明的宗教信仰及相关问题》，《文史》二〇〇九年第三期，第一百五十二页。

译后记

　　吉川忠夫先生是日本著名汉学家吉川幸次郎之子，也是享誉六朝史学界的卓然大家，曾先后任教于东海大学、京都大学教养部、京都大学人文科学研究所。二〇〇〇年，吉川先生于京都大学退休，获京都大学荣誉教授的称号，同年起先后担任花园大学客座教授、国际禅学研究所所长、龙谷大学文学部教授、客座教授等职。二〇〇六年起，吉川先生成为日本学士院会员，后担任日本东方学会会长、顾问等职，并获得平成二十五年（2013年）日本"文化功劳者"、令和四年（2022年）"文化勋章"等荣誉，至今仍以八十六岁的高龄活跃于学界。

　　吉川先生的主要研究领域为六朝思想史、宗教史与社会史，曾先后出版《六朝精神史研究》《〈真诰〉译注》《〈后汉书〉训注》《〈高僧传〉译注》等享誉学界的著作，其多年来发表的诸多重要论文，则于近年结集为《六朝隋唐文史哲论集》两册。其中，《六朝精神史研究》在二〇一〇年已由江苏人民出版社"海外研究中国丛书"译介至国内。而中国古代人物传记的写作，则是吉川忠夫先生另一个极具辨识度的学术领域，出版了一系列广受欢迎的作品。例如《刘裕——江南的英雄宋武帝》的多个版本在日本早已一书难求，终于在去年由法藏馆刊行新版。再如《秦始皇》《竹林七贤》《侯景之乱始末记》《颜真卿传——时事唯天知》等等，都是人所熟知的佳作。《王羲之——六朝贵族的世界》自然也是其中之一，自一九七三年初版以来，先后发行了清水书院"人与历史丛书"版、"清水新书"版、新订版以及岩波书店的"岩波现代文库"版四个版本，且加印多次，足见该书的人气。本次翻译，采用的是内容最丰富的岩波书店"岩波现代文库"二〇一〇年版。

　　二〇一四年至二〇一五年，当时还是南京大学博士生的我来到京都大学综合人间学部留学，展开合作研究。综合人间学部的前身，就是京都大学教养部。记得留学的前几个月，我基本在修改摄山六朝千佛岩的相关论文，其中最重要的参考文献之一，则是吉川先生的论文《五、六世纪的东部沿海地域与佛教——摄山栖霞寺的历史》。而作为六朝史研究者，吉川先生的诸多成果也一直是我学习、参考的对象。因此，当江苏人民出版社邀请我翻译《王羲之》一书时，我想我没有任何理由拒绝，并感到万分荣幸。

　　《王羲之》一书篇幅不长，但对我而言，翻译工作却一点也不轻松。一来，是因为吉川先生的文笔典雅，不仅许多词汇、语法在现代日语中已极少使用，措辞上也相当考究。为了尽可能保持原书行文的微妙，只能字斟句酌、反复吟味。二来，书中大量引用了王羲之与家人、友人的信札，但并非简单的训读或直译，而是作者按自己的理解进行了意译，再加上信札中的人名、地名通常用口语略写，因此寻找到对应的原文颇具难度，《王羲之、王献之全集笺证》《王羲之全书翰》这两部王羲之的史料汇编已不知被我前后翻阅多少遍。即便是依靠电子检索，找寻一条原文也常常颇费精力。实在遍寻不得，只能摆上好几天，希冀在查找其他信札的过程偶遇。幸运的是，书中引用的所有信札史料最终皆寻得出处，有了归宿。

　　按一般惯例，译作中的史料直接引用原文即可，我本也计

　　　　　　　　　　　　　　王羲之：六朝贵族的世界

划作如此处理。但翻译到后记时，吉川先生提及撰写此书的最大收获，就是对王羲之信札史料的研读、翻译，个中乐趣不足为外人道。再考虑到这类史料哪怕专业学者都难有把握释读无误，更不用说专业外的读者了。因此，我最终决定将吉川忠夫先生的史料译文一并翻出，这既是吉川先生王羲之研究的重要内容，也方便大家阅读。

翻译工作大致完成后，江苏人民出版社与我联系，希望请吉川先生撰写中译本序。日本的许多老一辈学者都不使用电子邮箱，吉川先生大概也不例外。因此虽然询问了诸多师友，大家却均不知相关信息。有赖福原启郎老师提供了吉川先生的邮政地址，于是抱着试一试的心态，冒昧寄去书信，说明原委。吉川先生很快回复并答应了中译本序的撰写。收到回信时，在网上看到朋友说"把事情做满了的感觉真是让人愉快！"我想，就《王羲之》一书的翻译而言，自己做到了力所能及的最好程度，没有遗憾。

就译本内容要稍作说明的是，岩波书店"现代文库"版以清水书院"清水新书"一九八四年版为底本，在此基础上增加了吉川先生的四篇相关文章。因此在编排时，将"清水新书"一九八四年版的内容作为第一部，内含序章与正文三章，并附有一九七三年初版的后记、王羲之年谱与参考文献。新增的四篇内容则作为第二部，后附二〇一〇年岩波书店现代文库版的后记。此次翻译为方便阅读，将原书第一部直接编排为序章与正文三章，原书第二部则更名为"附篇"，内含四篇相关文章。王羲之年谱、参考文献与两个版本的后记则统一放在全书最后。书中所引王羲之的信札原文为译者所添加，均标注了出处。翻译过程中发现的若干讹误或争议之处，则以译者注的形式进行说明。原书中插图不少，此次译本尽量使用了日文原版图片，但也有个别图片（如"江南的水网"、"陶男、女俑"）实在找不到原始出处或不甚清晰，作删去或替换处理。此外，在编辑的建议下，又根据书中内容补充了一些新图片。

翻译过程中，得到了许多朋友的热忱帮助。小野响是我麻烦最多的朋友，每当遇到难以把握的文字时，都会向他请教。小野也不厌其烦地与我往复斟酌。原书中涉及的若干日本俳句史料，也有劳小野查询出处并翻译为现代日语。此外，邵磊、三田辰彦、郭慧琼、张今、蔡春旭等诸多师友曾在理解原文、查找资料等方面施以援手。我的学生韩悦芳、吴龙杰帮忙制作了书中的几张世系表，与陈璟宣、吴天语、王雪宸一同校对译文，帮助我规避了不少讹误。在此一并致谢。

其次，我想感谢江苏人民出版社社长王保顶老师、"海外研究中国丛书"负责人刘东老师长期以来的关照，以及先后责编此书的洪扬、解冰清老师。洪老师与解老师工作认真负责、耐心细致，把译稿交给她们，令人安心。

此外，我还想感谢在百忙之中为此次中译本撰写推荐语的南京大学胡阿祥老师、张学锋老师与武汉大学的魏斌老师。当然，还要感谢无私支持我的家人，以及橘猫百达（Patek）。百达今年五岁了，平安健康。每当我夜中翻译时，他会时不时来书房晃两圈，检查进度。

最后，仍然要感谢南京师范大学、南京大学、京都大学以及江苏省"六朝史研究会"、南京"六朝历史与考古青年学者交流会"、京都"六朝史研究会"的诸多师友一直以来对我的鼓励与鞭策。

本书每章内的小标题虽然大多取自王羲之的名帖，但书中描写的却并非一个作为书法家的王羲之，而是作为六朝贵族、作为官僚、作为丈夫、作为一家之主、作为天师道信徒的王羲之。我想，读者一定会喜欢书中的这位更接近真实、更接近一个凡人的王羲之。

陆帅

2023 年 8 月